第 三 十 七 辑

资料 永嘉文史

永嘉县政协文化文史和学习委员会 编

中国文史出版社

目录

永嘉文史资料

追求真理的一生
——怀念红十三军军长胡公冕

◎ 彭猗兰

胡公冕

编者按：2003 年 6 月，朱陈勋先生送来一些材料，他附纸说明："今日整理旧物时发现的。此材料大约在 2000 年过后，我已回到科竹老家后，胡静华来科竹看望我时给我的。"本期选取刊用本文和《忆先夫胡公冕二三事》两篇。据推算，本文成于 2008 年。

红十三军军长胡公冕生于 1888 年，今年是他诞辰 120 周年。随时间推移，思念之情越发萦绕心怀。

1928 年我和胡公冕在白色恐怖下的上海结婚，至 1979 年胡公冕逝世。50 多年中，我们经历了风风雨雨。在胡公冕传奇坎坷的一生中，有许多可写可述的革命经历。1936 年，我流亡南洋归国后，是胡公冕革命活动的亲历者、见证者。我想在有生之年趁自己头脑尚清楚之际，将一些真实的历史披露出来，既供史学家研究参考，也作为对胡公冕的一种怀念。

为共同抗日而奔走

1936 年，在全国人民强烈要求停止内战、一致抗日、释放政治犯的背景下，经党和各方力量营救，胡公冕被无条件释放（任红十三军军长时，1932 年 9 月被国民党逮捕）。出狱后，我们在西安会合。

西安事变发生后，周恩来在西安见到了出狱的胡公冕，非常高兴。他知道，第一次国共合作时期，胡公冕在国民党上层建立了人脉关系。他要胡公冕尽快乘飞机去奉化找宋美龄、宋子文来西安，谈判停止内战、一致抗日、释放蒋介石等问题。胡公冕正要启程时，获知蒋方已有人来潼关，就没有去。而当时，胡宗南"剿共"部队正陈兵甘肃固原县黑城镇一带（今属宁夏），虎视眈眈。如果他接到国防部长何应钦的命令攻打西安，后果将不堪设想。于是周恩来又急命胡公冕速去胡宗南处，阻止他行动。

胡公冕带了周恩来和杨虎城分别写的亲笔信去了甘肃固原。胡公冕向胡宗南指出，蒋介石"攘外先安内"的政策是错误的，分析了如攻打西安，后果十分严重，他也将成为民族罪人、历史罪人。经过胡公冕晓以大义，进行劝阻，胡宗南的军队没有东犯。因为陕西凤翔还有胡宗南一部分军队，胡公冕又二次奉命到凤翔做工作。此后，胡公冕接受周恩来指示，深入西北军和东北军中做工作，还去了西京招待所和新城，同关在那里的蒋方人员谈话，要他们接受停止内战、共同抗日的主张。他说："中国正被日本侵略蹂躏之时，中国人不该打中国人。"

西安事变是一个重要的历史关头。事变的和平解决对推动国共两党再次合作共同抗日，起了重大作用。胡公冕执行党的指示做出了重要贡献。

西安事变虽然和平解决，但是抗日统一战线的建立阻力很大。蒋介石口头答应的一些条件并未兑现。事变后仍有许多后续工作要做。1937年初，胡公冕根据周恩来指示，又去了南京，做一些国民党上层人士的工作。在我的记忆中，1937年上半年，胡公冕基本上来往于南京、上海、西安三地，为建立抗日统一战线而奔走。1937年5月，曾在陕西三原受到彭德怀、叶剑英等同志接见。

当"平凉专员"的真相

大约在1937年四五月，国民党发表胡公冕为"甘肃平凉专员"。事先我们并不知道，但此前，蒋鼎文（黄埔一期）曾要胡公冕担任西安行营第三厅厅长，被他严词拒绝。国民党让胡公冕当平凉专员的具体背景我们一直不知道。最近看到《在胡宗南身边的十二年，情报英雄熊向晖》（上海人民出版社，2007年）一书，说是胡宗南的安排。该书还写道："胡宗南这个人关系很复杂……比如胡公冕，他是中共党员。胡宗南在黄埔军校时他与胡公冕关系很好……周恩来当时称胡宗南是黄埔先进。当时就是没有加入共产党就是了。"

当国民党甘肃平凉专员，胡公冕开始也是拒绝的，潘汉年（潘当时是上海地下党负责人，人称"周公馆"的主任，1955年因"内奸罪名"被逮捕入狱，1977年去世，1982年被平反昭雪，恢复名誉）知道后动员他去。潘说："平凉是交通要地，你去那里对抗日统一战线，对党的工作有利……"在潘汉年一再劝说下，胡公冕考虑到，既然如此安排，应以大局为重，大约在1937年6月下旬动身去了甘肃。我是在上海生了女儿后才去甘肃的。我记得，我的路费还是"周公馆"给的。1941年，国民党掀起第二次反共高潮，甘肃省政府主席换成了反动的CC系头子谷正伦，他对胡公冕进行排挤打击，于是胡公冕辞职。

潘汉年动员胡公冕去平凉，主要与当时的政治大背景有关。为了早日实现国共合作共同抗日，中共中央于 1937 年 2 月发表《中共中央给中国国民党三中全会电》，提出五项要求和四项保证。四项保证甚至提出"工农政府改名中华民国特区政府，红军改名为国民革命军"等。卢沟桥事变推动了第二次国共合作的形成。1937 年 8 月，国民党政府宣布中国工农红军主力改编为国民革命军第八路军。此前，党在延安召开了白区工作会议，要求白区工作贯彻执行党的抗日民族统一战线政策。

在当时的政治形势下，在各方面要求废除国民党一党专政的压力下，国民党不得不做出一些姿态，允许非国民党的进步人士参加国民党政府工作（记得郭沫若任国民政府军委会政治部第三厅厅长）。潘汉年动员胡公冕，实际上是执行党的抗日民族统一战线政策。胡公冕也是为了党的抗日民族统一战线而去工作。

胡公冕从大局出发去甘肃平凉，占据了那个位置，以合法身份支持边区抗日工作。在此期间，苏联提供的军火、通信器材及药品等一部分物资，从新疆经平凉运往陕甘宁边区，八路军伤员也得以安全过境，允许边区向平凉富户摊派粮草等。胡公冕利用有利地位还做了许多其他抗日救国的工作，并与肖克同志保持联系。在西安时，胡公冕利用与胡宗南的关系，为周恩来、邓颖超在西安安全过境以及营救共产党员和进步人士做了一些不为人知的工作，并与七贤庄八路军办事处保持联系。国务院领导在胡公冕骨灰安放仪式（安放在八宝山革命公墓东四室）悼词中指出："抗日战争时期，他根据我们党的抗日统一战线政策，做了许多抗日救国和许多有益于革命的工作，同时和党保持联系。"

早期经历打下基础

解放战争时期，胡公冕做了许多情报工作和国民党高级将领的策反工作。1947 年还以黄埔军校师生关系，策动在南京、上海的温州籍国民党高级将领，联合斗走残害浙南人民的括苍区绥靖处主任吴万玉。

追根溯源，西安事变时，为什么周恩来派胡公冕去胡宗南处做工作？胡公冕在解放战争时为什么能做许多策反工作？等等。这一切与胡公冕早期经历和第一次国共合作时期的经历有关。

胡公冕生于浙江永嘉楠溪五潦村一个贫苦农家。他从小就痛恨阶级压迫，热爱劳动人民。1911 年参加辛亥革命，曾在革命军"模范团"当连长（团长是蒋介石）。南北议和后，他到著名的一师当体育教员，五四运动期间成为该校学潮的指挥者之一。怀着朴素的革命理想，胡公冕 1921 年 10 月参加了中国共产党。1922 年 1 月，作为中国共产党代表团代表，参加了共产国际在莫斯科召开的远东各国共产党及民族革命团体第一次代表大会，代表团受到列宁接见。1923 年 9 月胡公冕受到孙中山先生接见。随后他以中共党员身份加入中国国民党。1924 年 1 月参加了国民党第一次代表大会，会后参加了筹备黄埔军校的工作。

国民党一大决定创办一所陆军军官学校，即黄埔军校。孙中山虽指定蒋介石任军校筹委会委员长，但蒋走马上任十几天后却向孙中山先生提出辞职，因此廖仲恺成为筹备工作实际负责人。廖当时是坚定地支持孙中山先生的国民党左派领导人。胡公冕曾对我说："筹备黄埔军校，廖仲恺起的作用最大。"当时廖仲恺让胡公冕跟他一起工作。军校筹办期间，武器奇缺，资金十分困难。他们为办学所需经费东奔西走，不得不到当时驻扎在广州的杨希闵、刘震寰（分别是云南、广西军阀，把持广州的税收）处筹措。杨、刘每晚都抽鸦片到很晚，廖、胡二人只好等候至深夜，再和他

追求真理的一生

们谈经费问题。

廖仲恺筹备黄埔军校为什么找胡公冕做助手？看中的是胡公冕吃苦耐劳、埋头苦干的优点。查阅当时国共两党上层及黄埔军校领导和教官的履历，或有留日、留法、留德的经历，或是保定军校、云南讲武堂出身，或是受过良好教育、有较高文化水平者。胡公冕既无学历，靠自学得来的文化水平也不高，却能立足于黄埔军校，除了他的革命精神外，很重要的是他作风正派、能埋头苦干。

1925 年 6 月黄埔军校开学。胡公冕先后担任卫兵长、教导团营长、团党代表、政治科学生大队大队长，他参加过东征和北伐，曾任北伐军总司令部政治部宣传大队长、副官处长、国民革命军团长、东路军前敌总指挥部政治部主任等职。蒋介石 1927 年 "四一二" 反革命政变后，胡公冕是浙江省通缉的第二名共产党员。

由以上所述可知：早在 1911 年，胡公冕就与蒋介石有上下级关系。由于第一次国共合作时期的经历，他认识国民党左、右两派一些上层人士，又由于参加筹备黄埔军校，并在黄埔军校工作了一段时间（一期至四期），而且黄埔一期的浙江考生是他去浙江招收的，因此他与出身黄埔的一些国民党高级将领，如胡宗南、宣铁吾等都有师生之谊。胡公冕正是利用了他在国民党上层的人脉关系，在抗日战争（第二次国共合作）时期做抗日统一战线工作，乃至解放战争时期在白区做隐蔽工作。

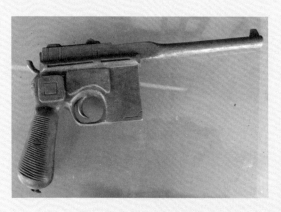

胡公冕用过的驳壳枪

西安事变期间，胡公冕做胡宗南的工作，也是利用他们之间有旧部属关系。胡宗南在孝丰县梅溪小学时他们就认识。1924 年，胡宗南投考黄埔一期是备取生，胡公冕曾助他进黄埔军校，东征时又提拔他当副营长，胡公冕在龙烟洞战斗中受伤后让他代理营长，后来又保他当团长。早期，胡公冕一直争取胡宗南成为革命者，但胡宗南随着地位上升，他愈来愈反动。

无怨无悔追求真理

1949 年，胡公冕再次受命赴西北前线对胡宗南部进行策反、瓦解工作。此时他已 61 岁，工作非常危险、紧张，他带病工作，最后患上严重神经衰弱症，从此失眠的病痛一直折磨着他，不得不长期服用安眠药。

新中国成立后，患病在身的胡公冕被周恩来安排在国务院任参事（事前总理曾问他，愿做什么工作。他说自己有病，没有提要求），他一直以坦然的态度看待自己的经历，从未计较个人名利得失。他知道总理工作十分繁忙，从来没有为自己的事找总理。20 世纪 50 年代中期，他给长子胡宣华的信中说："你千万不要替我难受，我的思想永远是年轻的，世界还有什么事业比革命胜利、人民幸福更伟大的事业吗？我能见此局面已是万分幸福，所以我的感情和个性统统被革命事业和劳动人民融化在一起，是乐观的、愉快的。"

1964 年，他又一次向党组织表达了回到党内的意愿，并写了《我的经历》（载于中国革命博物馆《党史研究资料》1982 年总第 55 期）。据我所知，当时的参事室领导曾将这份"自传"呈邓颖超同志进行核实，邓颖超同志给予充分肯定。时值"文化大革命"的前奏已经开始。

1979 年胡公冕病逝后，中央有关党组织根据他多次表达恢复党籍的愿望，对他进行了认真审查，解决了他的党籍问题。国务院领导在悼词中指出："他在长期革命斗争中，在党的领导下，为中国人民的解放事业做

追求真理的一生

了很多革命工作，为党和人民做出了积极的贡献。""我们要学习他无产阶级革命精神和崇高品质。"这是党对胡公冕追求真理的一生做出的明确肯定。

在胡公冕的影响下，我和子女对待他革命经历的态度也是低调的，任一些历史真相被偏见所湮没。在胡公冕诞辰 120 周年之际，我们觉得，应该本着对历史负责的精神，实事求是地还历史以真实面貌，兹以这篇文章作为对胡公冕的怀念。

忆先夫胡公冕二三事

胡公冕

◎ 彭猗兰口述
◎ 贾晓明整理

　　胡公冕（1888—1979），浙江永嘉县人，1921 年 10 月加入中国共产党，并赴苏联学习。回国后谒见孙中山先生，经党同意后以共产党员的身份加入国民党，并与廖仲恺等筹备建立黄埔军校。后率部参加东征、北伐。1927 年"四一二"反革命政变后，被国民党当局通缉，辗转于武汉、上海、浙江。1930 年，经中央军委批准建立红十三军，胡公冕任军长。1932 年被捕，经过多方营救，于 1936 年出狱。西安事变爆发后，胡公冕利用自己在国民党将领中的影响，协助周恩来同志工作，为事变的和平解决做出了贡献。1937 年后，胡公冕任国民政府"平凉行政督察专员"一职，利用其身份，为建立统一战线、确保我边区武器供给等做了很多工作。其间，胡公冕曾经两次去延安，受到毛泽东同志的亲切接见。抗日战争结束后，胡公冕回到上海，受党组织、周恩来同志委派，主要从事对敌高级将领的策反工作。本文为年逾百岁的胡公冕夫人彭猗兰老人对其夫的片段回忆。

和张国焘吵架

公冕1888年出生于浙江省永嘉县。19岁那年，他向人借了两块大洋，瞒着他父亲跑到杭州当学兵。1911年春，公冕因为家事回到家乡，不久到温州，遇到了为辛亥革命军招兵的冯炽中，被派往宁波。到宁波之后，公冕就在革命军一个师教导团里当排长，并结识了任教导团团长的蒋介石。后来教导团开到上海改编成"模范团"，公冕当了队长（相当于连长）。1912年春，公冕到杭州经沈钧儒先生介绍，到杭州体育专门学校当教员。后又转到杭州第一师范当教员。

在第一师范，公冕接触到陈望道、刘大白、沈仲九等人，思想上开始

清宣统三年（1911）五月，浙江两级师范学堂温籍同乡合影。一排左五为徐定超，一排左二为胡公冕。

永嘉文史

转变。1921年10月，由沈定一、陈望道介绍，公冕在上海加入了中国共产党。1922年春，为了继续加强革命理论的学习，经组织同意，公冕与汪寿华、梁伯台、华林、谢文锦、傅大庆等十余人，决定前往十月革命的故乡——苏联。本来，他们决定进入莫斯科东方学院学习，所以大伙儿由上海乘轮船到海参崴。不料当时苏联国内尚未和平，海参崴仍旧掌握在白军、干涉军的手中，公冕他们只好乘火车先赴哈尔滨，再由水路经松花江进入苏联的阿穆尔省，经赤塔到达伊尔库茨克。

后来公冕对我说，他在苏联看到两件事对他的一生影响特别大：第一件事是当时苏联各地都还没有平定，而且灾荒很严重，粮食供应紧张，很多人活活饿死。可是他看到苏维埃政府机关的各级领导、职员们每一顿饭把自己吃的面包节省下六分之一到五分之一，拿去救济灾民，而且每个星期日还参加劳动生产，所得的报酬，一律上缴去救济群众。第二件事是苏联同志对国外来的代表，都毫无例外地热情款待。他们一行每到一处，不论是工作人员或广大群众，虽然他们也很困难，但总是拿出最好的东西让各国代表享用，腾出最好的房间让各国代表住。这种高尚的国际主义精神，值得每一个革命者学习。

时值第三国际正在召开"远东各国共产党及民族革命团体代表大会"，参加会议的，除我党党员外，还有国民党员和其他进步分子。组织上决定公冕作为中共代表出席。各地去的代表都停留在伊尔库茨克，时常开会。当时中共总代表是张国焘，他是由北京去的。张国焘在开会时经常独自滔滔不绝地阐述自己的观点，并以总代表的身份压制其他成员的意见。这种做法引起其他同志的不满。在一次讨论会上，公冕忍不住站了出来，当着大家的面批评张国焘是"个人英雄主义"。张国焘十分生气，因为他不认识公冕，以为公冕是其他党派的列席人员，就对公冕说："共产党内的事情用不着外人管。"公冕大声回答说"我是共产党员"，张国焘也就没有再说什么。这件事让张国焘感到很没面子，同时也让公冕取得了很多在场同志的支持，会后很多人对公冕说"干得好"。

公冕当时觉得这件事情"过去了"。可是到了莫斯科后不久，瞿秋白同志就召集了党小组会议。在会上，瞿秋白同志批评公冕不应该在有非党员参加的会上感情用事，随便批评张国焘，因为这种做法无疑会打击党的代表在群众中的威信。结果，经党小组会议决定，公冕被剥夺半年的"选举权"。公冕当即表示"完全接受"（后来因公冕在工作中表现积极出色，党组织不久便撤销了对公冕的处分）。

对于公冕要求进入东方学院学习的申请，党组织也进行了研究。最后党组织认为，公冕已经具备"相当的革命理论基础"，而国内的革命正在如火如荼地进行，因此公冕应该迅速回国参加工作。接受了党组织的建议，公冕遂决定回国。在和代表团成员一同到彼得格勒参观、学习后，公冕于1923年春在彼得格勒登上了回国的列车。

拒绝陈立夫、陈果夫的劝说

1927年冬至1928年夏，上海党组织的活动转入地下，同志们都隐蔽起来，分散居住。公冕和林平海（后来在温州参加农民暴动牺牲）等同志都住在赫德路正明里。公冕在李一氓、毛一民家里搭伙，后来又在静安寺路明华洗染公司楼上住了一个时期。南昌起义后，我随大部队抵达广东，又随同一部分同志撤退到香港。后组织上决定，让我随创造社的一些同志去上海开展工作。到上海后，我住在嘉禾里，开始时，由郭沫若同志介绍，我时常得到内山书店老板的接济。后来在毛一民等同志的撮合下，我和公冕举行了简单的结婚仪式，可是由于经济拮据，连饭都没请大家吃一顿。那时候，敌人盘查得很紧，和组织联系不上，公冕和我的生活也没有着落，结果只得靠借债、典当过日子。公冕先后典当了他心爱的怀表、手表和值钱的衣服。我是"大小姐"出身，虽然17岁就到广州参加了革命，打枪、骑马、当指导员样样做得八九不离十，南昌起义前后在林伯渠同志的领导下还管理过部队的财务，但居家过日子我却是一窍不通。买菜、做饭和日常的家务事公冕就一个人全都包了。公冕有时在街头看见落难的同志，就把自己弄来的钱分一些给他们。有时候，我们实在没钱了，公冕就到巷子口上的香烟店、杂货店那里去借。好在公冕平日和店主们有说有笑，还经常帮助他们写封信、读段报什么的，一般来说，多少都能借到一些。公冕总是逗我开心说："我们的生活算不了什么，你看陈独秀先生一直穿破袜子，他的皮鞋后鞋帮都快磨掉了，还不舍得买新的呢。"虽然如此拮据，我们的生活却十分美满。由于公冕经常在街上走动，看到他的熟人也不少。后来陈立夫、陈果夫兄弟得知公冕的消息，有几次派人来到正明里，告诉公冕说："只要写封信给蒋介石，不但对公冕的通缉令就可以取消，还可以有'职位'。"对此公冕总是婉言谢绝。

在上海这段时期，公冕虽然忙于生计，脑子里一直想着如何革命。他总结过去失败的教训，对我说，没有枪杆子，不但不能干革命，连生存的权利都没有。正在这时候，公冕的家乡来了几位同志找他，谈起当地民间散落着大量枪支，且农民觉悟高，开展革命运动有一定基础，请公冕回家乡去指导。公冕听后，十分高兴，他对我说："老这样闲在上海也不行，应该回去看看。"我同意了他的想法。1928年8月初，公冕就带我回到了他的家乡。但没过半个月，消息就被敌人知道了。"浙江省府"给永嘉县打来电报，说公冕要在当地组织农民暴动，指令逮捕公冕并押送省城。幸而当时永嘉县民政科科长陈福民是公冕的朋友，见到电报后，连夜派人秘密通知公冕，公冕叫他"宋江"。接到报信，公冕和我当夜动身分别绕道转回到上海。为了逃避敌人的追捕，这次我们躲进租界里。其间，公冕依

旧坚持革命工作，他常写信给家乡人民，让大家收集枪支，按部队编制组织起来。这时候，我已经怀孕了。考虑到我和孩子的安全，公冕决定让我生了孩子后，先将孩子寄养在亲戚家，由于我会广东话和一些英语，他为我联络了他南洋的朋友，送我去新加坡教书谋生。我是 1929 年 9 月出国的，公冕为我买了一张途经新加坡开往英国轮船的船票。那天是阴天，公冕送我到码头，在我就要上船时，突然听有人对我们打招呼。我回头一看，是一位穿着浅色中山装的男士。公冕说：他就是陈立夫。我们走过去，公冕问陈立夫来码头做什么。陈立夫说他送朋友去英国。寒暄了一阵，陈立夫对公冕说："我们对你说过几次了，你只要给他（蒋介石）写封信，问题就解决了。"公冕只是笑了一笑，没做任何回答。陈立夫也没继续说什么，向我们告辞后走开了。1929 年 10 月，公冕把孩子托给亲戚之后，秘密经台州海门绕道回家乡楠溪潘坑，开始组织农民武装。因为过去这里农民运动有一定的基础，于是 1929 年 11 月在潘坑成立了浙南红军游击队，公冕担任总指挥。后来这支队伍发展成为红十三军，公冕任军长。

对胡宗南等策反

　　1945 年日本投降后不久，我们全家陆续搬回上海。1947 年冬，公冕和上海地下党组织取得了联系。以后，吴克坚、祁式潜等同志经常到我们家来谈工作。每次来，公冕都让他们在家吃饭，而且总是叮嘱我：如果天气不好，一定给同志们准备好雨伞。吴克坚向我们转达了周恩来同志的问候，同时给公冕布置任务。开始的时候，党组织委托公冕将金条兑换成国统区的货币，后来又让公冕设法卖掉从解放区运来的一些农作物、经济作物以便换取战略物资，同时采购一些物品。当时公冕在上海的朋友、同学、学生、亲戚很多，于是公冕出面托他们帮忙。比如说和公冕交易最多的银行名叫永隆钱庄，那里的老板姓胡，和公冕既是同乡又是同宗。

　　在短短的一年多时间里，我军捷报频传，国民党军节节败退。在这样的形势下，党组织、周恩来同志考虑到公冕在国民党高级将领中享有一定的威望，要求公冕立即展开策反工作。策反的主要对象是胡宗南、温州专员叶芳等人。

　　在黄埔建校初期，公冕就与国民党的各方面人士常有工作上的接触，而与黄埔前期军人更是有着师生关系，比如说叶芳是黄埔七期的，又是温州人。早在 1910 年，公冕在孝丰当营教导员时便结识了胡宗南。胡宗南报考黄埔军校一期时是备取生，公冕曾经为他说过话。在东征陈炯明时，公冕提拔过胡宗南当教导营副营长，公冕负伤时，胡宗南曾经当过公冕的代理营长，后来由于公冕的推荐他当了团长。1932 年春，公冕曾要胡宗南的弟弟胡琴轩拿着密信到南京，劝胡宗南起义。听胡琴轩说，胡宗南当时犹豫了一下，说："这怎么行呢？"至于他对公冕，因为有过这样一种关系，胡宗南也经常给予关照。抗日战争期间，公冕在平凉、西安做了很多革命工作，胡宗南总是睁一只眼闭一只眼。到了解放战争后期，胡宗南的

　　忆先夫胡公冕二三事

思想也开始动摇，公冕就是利用这种情况，向他进行策反。从1948年初到1949年新中国成立前，公冕曾三次去西安策动他起义，并为他提出了三个方案，并提出由公冕请我党派人到他身旁，帮助他指挥各军起义和办理善后等事宜。胡宗南也曾答应考虑，但碍于面子，怕"这样做，会给校长、同学骂死"，但对公冕依然抱着友善的态度。一次，在公冕回上海前，胡宗南给了公冕一封送给汤恩伯的催军饷公函，并说如果机场查得紧，可以拿出来给他们看。公冕一到上海机场，就被查问，公冕便将文件拿出，才得以安全离开机场。

1949年初，叶芳从南京回温州途经上海到我家里来，他对公冕说："前方战事没打好，邱清泉已经被打死了，将来实在不行，我就拉到岛上去。"公冕对他说："你只要离开国民党起义，共产党是不会为难你的，就不用跑了。你这么一大家人，跑是没用的。"后来叶芳思想上有所动摇，常到上海来见公冕。一见面，公冕就劝他弃暗投明，要为人民立功。叶芳为公冕的话所动，开始显露出动摇的迹象，言语中对共产党开始渐渐尊敬起来。后来来找公冕的时候还带着太太、孩子到我家住。随着解放军的节节胜利，以及公冕思想工作的深入，叶芳终于决定起义。公冕也派人帮助他做准备工作。有一次他从杭州开会回来对公冕说：他们要退到温州沿海一线建立据点，抵抗人民解放军。公冕想如果真是这样，那么沿海一带人民岂不又要遭殃？且这对我军解放上海不利。公冕将这个情况报告给了吴克坚同志，并对如何提前解放温州提出了计划。公冕认为叶芳早起义可能敌不过上海守敌，但推迟起义又于事无补，因此建议在解放军渡江时起事。叶芳同意了公冕的意见，并在公冕的指导下与温州浙南游击纵队接洽。公冕准备到温州指挥叶芳起义，与此同时，公冕得知上海地下党要公冕帮助组织并指挥一部分同志破坏敌人供给、接应我军进攻上海。公冕便找到周伯苍、蔡渭洲等人，并介绍给组织。后来接到上级命令说：上海应该完整地交还给

人民，公冕便没有组
织队伍。因此事的缘
故，温州起义，党另
派了别的同志负责，
公冕又做了一些辅助
工作，温州在上海新
中国成立前 20 天得
以和平解放。

胡公冕部分骨灰在
温州江心屿红十三
军纪念碑前安葬。
中握锄头者为胡公
冕夫人彭狷兰。

　　随着解放的临
近，上海局势变得更
加复杂，我们一家都
处在危险之中。秦德
君同志被捕后，祁式
潜同志打电话通知我
们"秦德君病重，住

1985 年 4 月 5 日，
胡公冕部分骨灰在
温州江心屿红十三
军纪念碑前安葬。
左一为李德钊夫人
周惠年，左二为金
贯真夫人郑玉钗，
左三为胡公冕夫人
彭狷兰。

在医院里"，我们立即带着孩子们离开住所，分别到亲友家和旅馆里隐蔽。
当时吴克坚同志曾派人转告公冕和我说："周恩来同志来电，要你们以宣
侠父为例，提高警惕。"对周恩来同志的关怀，我们非常感动。

　　1950 年，胡公冕来到北京，任政务院参事（1954 年后改称国务院参事）。
1979 年 6 月 30 日，在北京家中病逝，享年 92 岁。

　　（文中叶芳起义一节，由彭老与女儿胡静华女士共同回忆）

　　忆先夫胡公冕二三事

革命先烈李得钊

◎ 李方喜

　　李得钊烈士是浙江百年百名英烈之一，是《雨花台烈士传丛书》首批出版个人传记的两个温籍代表之一。我小时候经常听到他的革命故事，这得益于我爷爷的大哥李立敬是他最要好的同学，在李得钊的推荐下，我大爷爷成为当时中央军委从留苏回国学生中选派到红十三军军部担任军事教官的五名干部之一。在 2003 年世界温州人大会期间认识李得钊的儿子李钊后，也有机会听他与他的亲人讲起他父亲的故事，让我对李得钊烈士的事迹有了深一步了解。只因李得钊是中国共产党最早隐蔽战线工作的同志，也是目前所知温籍革命者参与中央特科与军委工作的第一人，他是直接受周恩来领导的革命者，又牺牲较早，可参阅的资料有限，目前所知只是九牛一毛，今特整理一二与大家共享。

早期革命时期的"永嘉师友圈"

　　1906 年 12 月，李得钊出生在浙江永嘉县港头乡李宅村一个贫苦农民的家庭。1924 年 12 月，在第一次国共合作时期，李得钊在中共温州独立支部的安排下以个人名义加入国民党。1925 年 3 月，加入中国共产主义青年团。同年 7 月底，进入上海大学社会学系学习，12 月底，赴苏联莫斯科东方劳动者共产主义大学学习。1926 年 5 月之前转为中国共产党党员。1927 年 2 月初，李得钊回国，任共产国际代表翻译，同年底，任中共中央机关报《红旗》编辑，同时兼做共青团中央的工作。1930 年 8 月，任中共中央军事委员会秘书。1931 年 9 月以后，兼任中共中央特科总务科（即第一科）科长。1933 年 1 月，任中共上海中央局秘书处秘书长。1934 年 6 月 26 日，李得钊被捕。他不畏严刑拷打和威逼利诱，以浩然正气同黑暗势力抵死斗争，始终不渝坚持革命气节。李得钊在狱中受尽残酷折磨，于 1936 年 9 月因中毒身亡，年仅 30 岁。由中央组织部编制的李得钊烈士档案中明确记载：李得钊"被捕时，任李竹生（声）之中央分局秘书长，与李竹生（声）一道被捕，李等皆叛变，唯他表现很好，判十五年，在监病故"。如今，在温州烈士纪念馆，在烈士的牺牲地南京雨花台，以及浙江革命烈士纪念馆分别陈列

李得钊（右）和父亲（中）、长子李海燕（左）合影。

着他的遗像和遗著。1991年，烈士纪念碑在他老家港头落成，时任国家领导人杨尚昆题词——"李得钊烈士永垂不朽"。

在李得钊学习与革命工作中，"永嘉师友圈"是他重要的革命圈，特选四位做一介绍。

第一位是谢文锦（1894—1927），永嘉县潘坑村人。他是共产党早期的革命活动家，是我国第一批赴苏联留学的十几位革命知识分子之一。他归国后曾担任中共中央秘书兼共产国际代表、苏联军事政治顾问鲍罗廷的翻译。他是浙南地区最早的党组织——中共温州独立支部的创立者，曾任中共上海区委委员、中共南京地委书记等职。后在南京惨遭国民党杀害。1917年秋，他回到永嘉岩头主办高等小学时，积极宣传新文化、新思想期间，是李得钊的英语老师。李得钊的英语成绩总是全班第一，因此他颇受谢文锦青睐。1925年3月，由谢文锦介绍加入社会主义青年团组织，成为温州地区早期共青团员之一。1925年7月，李得钊在谢文锦的联系与资助下，先后进入上海大学与莫斯科东方大学学习。由此可知，谢文锦是李得钊最早的革命导师，在谢文锦的重要影响下，坚定革命信念，迈向革命征途。

第二位是被周恩来称为"浙江的金龙"金贯真。1902年出生于永嘉县岩头，也是谢文锦的得意门生。他是温独支的主要成员，曾担任北伐军东路军前敌指挥部秘书兼党团书记，在苏联中山大学学成归国后，担任浙南巡视员，是红十三军的主要筹建者和首任政委。他与李得钊是岩头高等小学的同学，他们都是在谢文锦的引导下走上革命道路。金贯真在浙江省立第十师范学校学习期间，曾与在温州艺文中学读书的李得钊一起组织青年策进会、溪山学友会，宣传新文化新思想。在谢文锦推荐金贯真去上海大学读书与去莫斯科东方大学深造时，他总是诚心说服老师先支持家庭条件困难的李得钊。他于1927年秋进入苏联中山大学深造，1929年8月回国后，被中共中央任命为浙南巡视员，负责加强温台地区党的领导，建立红军和开展土地革命。1930年3月，在李得钊的帮助下，金贯真与中央取得联系，并共同商讨在浙南开展武装斗争和在家乡创建红色武装组织。1930年5月，金贯真被特务抓捕后，遭敌人残忍杀害，李得钊专门撰写了《悼我们的死者——金贯真》，刊登在1930年6月11日第109期《红旗》报刊上。金贯真是李得钊最亲密的革命战友，也是在金贯真的多次谦让与帮助下，使李得钊有更多的机会参与革命深造提升。

第三位是胡公冕（1888—1979），永嘉县岩头镇五㲾村人，他是一位传奇式的革命人物，经沈定一、陈望道介绍，成为中国共产党初期的百余名党员之一，并与谢文锦同期赴莫斯科学习，他曾作为党的代表参加过莫斯科召开的第三国际远东民族大会。1923年春回国后，参与过黄埔军校的筹建和招生工作。1930年中共中央军委派他来领导浙南红军游击队任总指挥，后任红十三军军长，在红十三军失败后，他为和平解放西安事件建立抗日统一战线而奔走，其间两次到延安。新中国成立后，曾担任政务院参事、国务院参事，是温州唯一一位两次受到毛主席接见的革命者。胡公冕既是谢文锦的老师，又是与他义结金兰的朋友，很早就熟悉李得钊。在胡公冕因被蒋介石通缉而秘密潜回上海时，在李得钊的协助下，他与党组织接续了联系，并奉命前往浙南开展武装斗争。胡公冕多次在李得钊帮助下与中央军委取得联系。在红十三军军事干部力量不足时，在李得钊的建议和协调下，派了五位从苏联留学回来的军事干部，使红十三军的正规化建设有了较大起色。因此，当时李得钊作为中共中央军委秘书，周恩来的得力助手，他与家乡的胡公冕、金贯真等都有着紧密的联系，他们三人对家乡的革命事业极其关心，共同努力让红十三军成为当时中共中央军委正式序列的全国十四支正规红军之一，为浙南地区革命事业的发展做出了重要贡献。

第四位是李立敬，1907年出生，与李得钊是邻居又是同学。由于李得钊自小丧母，家境贫困，在岩头高小读书期间，无钱买生活用品，李立敬父亲则是让懂事的李得钊照顾李立敬，让李得钊与李立敬同睡一床，同坐一桌，同盖一被，同用一灯，同去同回，巧妙地解决了李得钊的生活困窘问题。在李得钊进入温州艺文学校读书后，李立敬紧随其后考入温州艺文学校。李得钊、金贯真、李立敬三人同在温州学习时，常相聚关心国之大事。李得钊赴上海大学读书后，1926年春，李立敬在谢文锦老师推荐下再次步李得钊后尘赴上海大学读社会学。1927年6月，又在李得钊的帮助下赴苏联东方大学与莫斯科军事工程学校学习。1930年6月回国后，在李得钊推荐下，由中央军委委派他赴红十三军军部提升规范化水平。在李得钊牺牲后，李立敬写了纪念李得钊的诗文达20多篇，并协助其家人向中央反映其事迹，在李得钊烈士纪念碑落成之际，他作为战友代表发言。他是李得钊知心同学与革命朋友，也是最重要的历史见证者与其史料整理者。

革命转折时期周恩来的得力助手

在20世纪20年代末30年代初，在周恩来担任军委书记期间，李得钊是温籍人士中离周恩来最近的革命者。1927年四一二反革命政变后，中国的革命中心从广州移到武汉，当时中央常委会决定对集中在武汉的干部进行疏散，周恩来负责具体事务，李得钊是主要成员，他具体负责送一批革命者去莫斯科东方大学学习，当年派出的人员达337人，全部为共产党员和共青团员，他在国民党反动派的枪口下，尽最大力量保护了有限的革命火种，为土地革命准备了大批干部，也为永嘉成为全国留苏学生最多的"红县"做出了重要贡献，李得钊临危不惧的品格和严谨细致的作风，给周恩来留下了深刻印象。1930年8月，李得钊进入中共中央军事委员会工作，担任军委秘书，书记为周恩来，从此李得钊成为周恩来的得力助手。1931年4月，在周恩来指导下建立的中央特科，由于主持日常工作的顾顺章被捕叛变，给党带来莫大损失，9月，忠诚可靠的共产党员中央军委秘书李得钊奉命兼任中央特科总务科（即一科）科长一职，主要负责为中共中央机关设立办公地点，为中央委员和政治局委员寻找住所、设立会场、保卫安全等工作。在李得钊第一任妻子潘承芳住院期间，周恩来两度去医院看望他们。1933年1月，当中共中央机关的主体转移到苏区后，李得钊留在了国统区，担任上海中央局秘书长，是当时上海中央局五位领导之一。秘书处是中央常委工作的执行机关，是党内机要工作的总汇，后又增加了中央文库管理等工作。李得钊同志牺牲后，周恩来在新中国成立后写给李得钊之子的信中说："李得钊同志是一位很好的同志，为革命事业牺牲了自己。"从1927年开始到1931年底，在红色革命处于最低潮时期，在白色恐怖下的上海，李得钊一直坚守在周恩来书记身边，在生死考验面前一直忠诚于党的革命事业，显示其为了伟大理想，探寻光明，坚忍不拔，不畏牺牲的高尚情操。

南京雨花台著名英烈

2014年12月，习近平总书记在江苏考察时指出："在雨花台下留下姓名的烈士就有1519名。他们的事迹展示了共产党人的崇高理想信念，高尚道德情操、为民牺牲的大无畏精神。要注意用好用活丰富的党史资源，使之成为激励人民不断开拓前进的强大精神动力。"为了贯彻习总书记讲话精神，在江苏省委的重视下，在江苏省委宣传部的统一安排下，由江苏省委党史办、南京市委宣传部、南京市委党史办和南京雨花台烈士陵园管理局等单位编撰《雨花台烈士传丛书》，李得钊因1936年牺牲在南京中央军人监狱，他的事迹陈列在南京雨花台烈士纪念馆，并首次整理出版了传记《李得钊传》。2016年由中共中央党史研究室与江苏省委联合出品《致未来书》纪录片，共六集，该片收集整理了大量雨花台烈士留下的遗书、信件、诗词和文物，2017年在中央电视台播出时，为观众们讲述了烈士们生前鲜为人知的真实故事，其中第一集《无悔选择》介绍的第二位烈士即为李得钊，播放时间长达四分钟。李得钊烈士的事迹在江苏的挖掘是较为完整与深入的，南京是第一个为其出版传记的城市，《李得钊传》成了首批"雨花台烈士传记丛书"之一。

"红色家庭"血脉相传

李得钊之家是典型的"红色之家"与"特科之家"。李得钊夫人周惠年是河南信阳人，1927年加入中国共产党，她先是在中央交通局局长吴德峰手下工作，李得钊在军委工作期间，周恩来经常带着他到吴德峰处开会，让他有机会认识了周惠年。后来周惠年调到中央特科工作，曾参与过一系列锄奸活动，在顾顺章叛变后，当时危急之下，周恩来就是转移到无人知晓的中央特科秘密联络点周惠年的住处，然后在周惠年等帮助下转往江西瑞金。在李得钊第一任妻子潘承芳去世后，1933年底，经组织和同事们牵线搭桥，李得钊与周惠年结婚。在1934年6月26日，李得钊被捕一个小时后，她也被捕入狱，就关押在李得钊牢房隔壁，她一口咬定自己没文化，对丈夫的事一无所知，因证据不足被释放。在她生下儿子李钊不到一月，又再次被捕，在她被关在苏州反省院期间，国民党南京政府通知她李得钊"病死"于狱中。她出狱后先是去武汉中共中央长江局工作，再到八路军重庆办事处工作，1938年底转到延安，在李克农领导下的社会部工作，新中国成立后主要在中央办公厅、中央编译局工作，曾任中央编译局干部科长、办公室副主任等职务，1997年病逝，享年86岁。周恩来总理多次在公开场合肯定她在白区地下工作和她为革命工作默默做出的奉献，她曾在陈云手下工作过，被陈云同志称为"我党保卫工作的第一位女同志"，这是当之无愧的荣誉！她曾经两次来过永嘉，一次是1985年4月，她来参加永嘉县党史资料征集研究座谈会，并做了讲话；另一次是1991年，李得钊纪念碑落成时，她偕家人一起参加。

李钊是李得钊与周惠年的儿子，他是在出生20天后就随母亲入狱，他是年龄最小的隐蔽战线亲历者，曾被邓颖超戏称为"囚童"。在他出狱后，他被寄居在陈同生的四川老家母亲那里，在他13岁时，他母亲周惠年把他接到了延安，北平新中国成立后，为北京101中学的第一批学生。后被国家教育部派到捷克布拉格的军事工程学院航空发动机专业学习。1961年，李钊从捷克回国，正好那时聂荣臻元帅亲自领导的导弹部队正在扩充发展，他被安排到了该部队的一院11所，参加火箭发动机的研制，他和同事们深入广泛地研究英美等国火箭发动机的先进水平，并将成功经验应用到东风3、4、5号火箭发动机涡轮泵的研制工作中。他曾参加过多次导弹和卫星的发射。1985年，国家组建民航总局，李钊被调到民航总局担任副局长。他为我国民航事业的发展做出了重要贡献。他来过温州多次，第一次是1961年刚从捷克回国后，就来温州老家寻找尚未谋面的爷爷。后来温州建龙湾机场期间，他发挥了重要作用，1990年7月12日温州机场通航时，他专赴温州参加典礼仪式。在他退休后又多次受邀参加过世界温州人大会。2020年李得钊烈士事迹陈列馆在家乡落成与红十三军成立90周年时，已经86岁的他专门来永嘉参加过相关活动。

《霞光》映照历史舞台

自2017年刘江波撰写的《李得钊传》出版后，解密了李得钊许多鲜为人知的故事，李得钊逐步进入国人的视野。温州市有关部门也积极以他的事迹作为蓝本开始了文艺创作，2019年以李得钊生平事迹为素材的微电影《信念》由温州市国家安全局出品，张民担任导演和编剧，它先是在中央政法委、公安部、国安部等部门联合主办的第四届平安中国微电影比赛中获最佳微电影奖，后又获得中国电视艺术家协会主办的亚洲第七届微电影艺术节"金海棠奖"。2022年，在中共温州市委宣传部的艺术基金扶持下，由温州市文化广电旅游局出品的越剧《霞光》，由上海戏剧学院的导演系主任卢昂担任导演，六获文华奖的他被温州越剧院的李得钊事迹所感动，在众多题材中，在疫情肆虐期间毅然选择《霞光》担纲导演，由温州市越剧研究院的陈秋吉担任编剧。这部作品主要选择李得钊在20世纪30年代初为保护"中央文库"这个中心事件进行创作，2022年6月29日晚在温州大剧院首演，同年8月13日参加第五届中国越剧艺术节展演。同年11月底，《霞光》入选2022年浙产原创文艺作品"品位榜"八强。2023年5月18日专门在永嘉大会堂演出，并启动全国巡演工作。这部作品获得2022年度浙江文化艺术发展基金资助和第十五届浙江省戏剧节"兰花奖·新剧目大奖"，领衔主演黄燕舞获"兰花奖·优秀表演奖"。2022年8月13日，《人民日报》转载了《活力温州》的文章《现代越剧〈霞光〉亮相中国越剧节》。2023年2月1日《光明日报》刊登了《中国戏剧》主编罗松撰写的《温州故事的红色记忆——评越剧〈霞光〉》。越剧《霞光》的全国巡演，让李得钊事迹深入群众，走出温州，走向全国，光照千古！

红十三军筹建史钩沉

◎ 徐逸龙

　　当代历史，学术界称之为无字天书。以往涉及红十三军的著作，采访三亲（亲历、亲见、亲闻）口碑资料范围不广，缺乏多点透视，鉴别史料过程中缺乏轮番交错印证。对于不同阶段形成的档案资料利用不足，缺乏史料长篇考异的基础工作环节，对于成立时间、地点、军费来源、核心成员活动轨迹和军事地理等问题研究依然薄弱，红十三军在永嘉楠溪流域筹建过程研究尤其薄弱。今以胡公冕活动踪迹为主线，钩沉考证 1930 年 4 月 15 日至 5 月 15 日浙南红十三军在永嘉楠溪筹建史实，纪念楠溪革命先贤。

中共中央指示和军委部署建军

　　1930 年 3 月 9 日，胡公冕在溪下黄皮寺建立浙南红军游

击总指挥部。潘坑乡佳溪四面屋麻月波在温州东门外开设炭行，驻寺做后
勤工作，其子麻云雷跑交通递送情报。15 日下午 3 时，浙南红军游击队从
黄皮寺出发，行军 160 里，天亮时到达缙云县前村（今属大洋镇，邻近永
嘉县界坑），驻扎一天，打击 4 个土豪和一些地主。17 日早上，离开前村。

当日晚上，青田县祯埠官坑80余人启程，前往丽水城。18日凌晨5时，浙南红军游击队到达丽水城外水东村过渡，发动攻打丽水城战事，引起当局震动。枫林圣旨门街店户徐象仙及妹夫郑继顺（在圣旨门楼东侧徐岩忠屋开店）、外甥郑九芝（枫林高等小学毕业生）

参加这场战斗。3月31日，《中共中央致浙南的信》："党应当坚决在浙南以永嘉、台州为中心，组织暴动，建立红军。浙南地方暴动的前途，就是夺取浙江一省政权的前途，为实现浙南永嘉、台州地方暴动的具体的策略任务。"①

4月15日，《中共中央军委军事工作计划大纲》规定全国红军第一军至第十四军的番号和活动区域。其中第二部分关于红军的论述，"第十三军：发动浙南地方暴动，集中力量，扩大成军"。关于扩大各红军的数量，具体计划如下："第十三军，现有人数2000人，到五月三十（日）时扩大数量为5000人，本年年底扩大数量为15000人。"② 戴宝椿家族开设戴源大轮船公司，益利轮船经营温沪航线，把中央军委指示迅速带到温州永嘉，胡公冕和金贯真等人立即开展筹建红十三军工作。

戴宝椿

4月18日，中共中央巡视员金贯真为了游击战争问题，开会决议军事方面："温州游击队暂编为浙南红军第一独立团，台州游击队暂编为浙南红军第二独立团，永康游击队暂编为浙南红军第三独立团。""集中红

---

① 《红十三军与浙南特委》，中共党史资料出版社，1988年8月，第78页。
② 解放军档案馆编《红十三军和浙南革命斗争》，解放军出版社，2014年10月，第227、228页。王健英《中国红军发展史》第149、247页，《红军统帅部考实》第90、98、104页，广东人民出版社，2000年1月；政治学院党史研究室编《中共党史教学参考资料》第14册第433页，皆有引述。

军力量，向温州进攻。军事指挥仍由胡同志负责。"①5月，中央军委"派
金贯真、胡公冕等在浙江永嘉发动农民暴动，成立了红十三军。"②《中
共永嘉中心县委给中央的报告》提及"四月十八日邮寄之金同志的工作报
告"③，即是永嘉中心县委第五次扩大会议的报告。5月23日，《中共中
央给温州中心县委、金贯真及温台永三属红军的信》说："最近，金巡视
员为了游击问题召集第五次扩大会议的决定是正确的。""编制方面，中
央决定你们成立第十三军的基础，将现有的三团扩充为三师的前途。"④
金秀英回忆，金贯真到永嘉第16天（1930年5月3日）时，和胡公冕、
胡协和、金秀英等人在五溇四分祠堂开会。以口述事件和文献记载的时间
节点、温沪航线两昼夜航程等因素限定，中共永嘉县委第五次扩大会议应

①　《红十三军与浙南特委》第95页。
②　王健英《红军统帅部考实》，广东人民出版社，2000年1月，第100页。
③　《浙南革命文献汇编》（一战、二战时期）第265页，2006年12月。
④　解放军档案馆编《红十三军和浙南革命斗争》第263页。

在 4 月 18 日召开。

胡公冕和金贯真到岩头组织红军期间，一起来的有 10 多人，大家都睡在金则意家里。他们都是旧制师范毕业的，关系很好。① 岩头小学校长陈时鲁（陈瑞兰侄子），经常聘请胡公冕、金家济（贯真）来校讲演，宣传马列主义。一天晚上，岩头金家济（贯真）到沙头乡渔田村发展红军组织。林子受（化名林寿庭）介绍弟弟林子武结识金家济。②

五㙓胡邦坤（胡国吹父）挑着共产党内的宣传资料，跟随胡公冕从一个地方到另一个地方分发。枫林贞二房的徐象玑（徐顺兰祖父）在五㙓开中药店时，就得到胡公冕赠送的共产主义书籍。胡公冕到枫林对表兄徐象严说："你现在拥有这么多的财产，将来都不是你的。你现在先捐助一些银圆给我，作为红军活动经费。"③ 并送几本宣传共产主义的书籍给徐阅读。周之庠称，徐象严"毁家纾难，耗以巨万计，而乡赖以安"。④ 枫林警察所徐文启（1895—1946）是胡公冕的朋友，居住十分祠堂北面的下三退大宅。胡曾向徐宣传共产主义思想，劝他不要过多积累家产，只是改善自己的生活，过得惬意一些，影响徐的一生，进而影响徐的家庭。

4 月 24 日（农历三月二十六），下泛、鲤溪、垟头、岭背、四联徐山、福佑、抱岙、杏岙、八沸垟、深固、陈岙、下家岙等地 50 多人集中鲤溪塔山庵，召开岩坦片红军游击队成立会议。当晚，部队开到岩头献义门，由金贯真接待并授予口令"清明"，再到五㙓上岙会合胡协和的部队。25日，部队开到四十六都大岙，在刘蚩雄、徐文龙、卓平西指示下，共同整

---

① 金文祥《回忆红十三军》，2001 年 6 月 21 日。
② 《林子武回忆录》，1985 年 4 月 8 日；陈启多、陈仕玉、陈启芳《关于林子武的谈话笔录》，1985 年 5 月 15 日；周秀杰《关于对陈岩武同志的调查报告》，1987 年 7 月 11 日。
③ 徐定绪《回忆红十三军成立事件》，2009 年 4 月 3 日。
④ 刘绍宽《徐端甫七十寿序》，《厚庄诗文续集》文外一。

　　　　红十三军筹建史钩沉

陈瑞兰

编为三个队伍。岩坦港部队编入第三大队，大队长深固陈怀富（国清），第二中队长深固陈瑞兰。李永科和陈瑞兰负责筹集粮食、制作标语、散发传单等后勤工作。27日，红军部队开到应界坑，接到胡公冕来信约定，"红十三军军长不到，大家要回到自己家里待命"。于是，陈瑞兰这支队伍分散回家休息了10天时间。[1]

中央军委派令送达永嘉楠溪

1930年4月底，中共中央军委秘书港头李宅李得钊通过同村人李存玉，将中央军委任命红十三军领导人的派令送到永嘉楠溪，交给浙南红军游击队总指挥胡公冕[2]。胡公冕接到派令后，决定攻打有"小温州"之称的永嘉瓯北重镇枫林，组建中国工农红军第十三军。其义兄周之庠任永嘉县八区（枫林）、九区（岩头）、十区（碧莲）三区土地陈报特派员，驻枫林办公，协助胡公冕开展工作。[3]

此时，枫林地方已经有徐贤考、徐寿楷（定家）、徐象仙、徐定标（憩堂房）、徐定军、徐黄岩、谢定仕等人，还有在枫林圣旨门楼东侧开布店老板表山岭外人郑继顺、郑九芝父子参加红军游击队的秘密活动。[4]此外，还有黄埔一期徐文龙，毕业于国立同济大学和黄埔三期的徐挽澜，毕业于南京教导营而在国民革命军担任连长职务的徐象连、徐寿萱、徐定钏、滕

① 陈瑞兰《鲤溪乡红十三军组织活动情况》，李守业、戴显璜记录，1984年。陈平提供复印件。
② 红十三军的派令一直密藏在李存玉家的瓦檐头，在"文革"前夕失落。1964年，胡公冕给温州地委党校的复信说："红十三军的政委是中央所委派的金贯真。""红十三军直属中央领导，我去上海由中央军委秘书李得钊同志联系。"（周天孝主编《生生英烈耀千秋》第198页）
③ 周之庠《自传》手稿，1951年5月8日。
④ 金秀英《回忆红十三军》，2000年4月30日，上塘码道街康复医院。

永嘉县立第十一小学会考毕业摄影纪念民国二十二年一月

徐象严、潘纪阳与毕
业生合影。二排右三
为徐象严、二排左三
为潘纪阳。

时运（嗣淳）、朱清柱等人，还有留学法国的北伐军二十二师军医处处长徐炯斋，他们响应胡公冕号召，回乡协助筹建红十三军工作。

　　胡公冕到芙蓉村司马第大屋，把中央军委的派令拿给义兄、平阳县禁烟局专事（局长）陈叔平看，研究发展红军问题，并说明决定攻打枫林建立红十三军的行动计划。胡公冕以陈叔平家为活动据点，以芙蓉耕云祠后倒轩由陈建霆开设的店屋为秘密情报联络点。陈叔平、陈济民负责发展组织本村红军分队，再得到陈时耕（岩头小学教员）、陈建霆兄弟协助，共发展30多人，有枪支的投入枫林战斗，没有枪支的人在村里活动。[1]接着，芙蓉陈鸣熙发展陡门潘垟陈岩武（枫林徐启秀内侄，1913—？）参加红军。5月，陈岩武参加周洪久（东皋填垟村人）的部队。[2]此外，胡公冕还在溪南舅舅卢景次家里秘密开会，并制作红十三军的大红旗。

───────────────

[1]　徐御静《陈继旋谈红十三军在芙蓉的情况》，2006年12月19日。陈时耀补充。
[2]　陡门潘垟《陈岩武回忆录》，1987年6月7日。

　　1930年5月2日上午，胡公冕派人给表兄徐象严送信，并约定在岩头东宗祠堂接头洽谈。徐象严接到信件，立即召集枫林徐氏各房派代表徐克基、徐嘉言、徐承轩等人到自家中堂开会。代表到齐，徐象严才将信封拆开宣读，大意是：要求借枫林地方整编部队，成立红十三军，时间为一个礼拜，枫林地方帮助解决食宿问题。部队回去时，枫林地方再资助枪支弹药和粮食。[1]要求大家讨论表决，如何应对胡公冕的请求。与会代表有的主和，有的主战，争论很激烈。徐象仙、徐象岩、徐珍廷、徐炯斋、徐承轩同胡公冕通好，同意胡公冕的要求。主战的理由是，让红军和平进城之后，难以逃避国民党部队对枫林施行毁灭性的打击。徐嘉言对徐象严说："别人可以主和，你不可主和，因为你的声望高，对政府而言目标太大，你的主张对枫林地方影响很大。"[2]徐象严总结说："如果让红军和平进入枫林，不要说我象严的头保不住，在座所有人的头都保不住，还有整个

----

① 徐贤焕口述红军史料，1998年3月。2000年5月3日，补充。
② 上海社科院哲学研究所徐顺教研究员转述徐嘉言见闻，2010年春。

地方将变成废墟。胡公冕的部队来时，无论如何要先放几枪，再让他们进来，推说是弹药不济，抵挡不住没办法。只有这样，才好给国民党政府交代。"与会代表集体讨论，形成统一的意见，商定公开抵抗暗中放行的方案之后，公推浙江两级师范毕业生徐定趋（承轩，浙江省议员、枫林小学教师）、徐济川（利三，八房祠营部文书）两人为代表，中午到岩头东宗祠堂回复胡公冕，答应在枫林成立红十三军时提供后勤物资支援的请求。下午，大家在徐象严家的后倒厅（念祖斋）继续开会，讨论各房划分地段摊派人丁，维修古城墙问题，做好作战准备工作。[①]枫林衙门前念祖斋门额题词："己未（1919年）嘉平月（十二月），念祖斋，公愚马范。"两侧对联：虎尾春冰安乐法，马蹄秋水静修方。

　　5月5日，农历四月初七，星期一，微雨。[②]胡公冕在潘溪岩头小学（今永嘉二中校园）的操场上演说，从早上8点钟一直讲到12点钟，语言通俗，而说理形象生动。胡公冕说："大家一定要团结，如同一把'扫帚细'，上面领导硬，下面紧聚在一起就会硬。"那天毛毛雨，听演说的人很多，岩头小学楼上楼下都站满人，有十几队，每队有几十人，很安静地听胡公冕讲话。[③]下午，胡公冕到龙潭坑龙宫里，同陈文杰、雷高升等人召开秘密会议，部署5月9日游击队进军枫林镇的行动方案。龙潭坑作为红军根据地，主要干部都寄住在金秀英娘家，进出往来不绝。金秀英经常看到潘德松、徐挽澜、朱柱、徐象连、徐寿萱等，或开会，或接洽要事，比较面熟，时隔数十年，记忆犹新。[④]有一次，朱柱和徐象连、胡协和等人在五澜龙

---

① 徐贤焕口述红军史料，1998年8月3日，枫林乾寿堂药店。
② 温州省立十师国文教员张枬《杜隐园日记》手稿，1930年5月。
③ 岩头金文祥《回忆红十三军事件》，2001年6月21日。
④ 金秀英为潘德松出示证明材料，1985年8月2日。金秀英《回忆红十三军》，2001年4月16日。

35　　红十三军筹建史钩沉

潭坑金存兴（金秀英弟）家中开秘密会议，胡军长亲自主持会议。[①]

胡公冕坐镇兆潭宗祠办公

1930年5月6日，胡公冕驻枫林镇兆潭村船埠头王氏宗祠办公，派黄村王兴龙带信通知各地红军头目陡门珠山卓平西、苍坡李世勋、五㴐胡协和带部队攻打枫林，成立红十三军。兆潭村谢德虎（其祖父自五㴐下宅迁居）在埠头为胡公冕部队摆渡。黄村王兴龙到兆潭布置工作，先遇坐箬棚里过来的汪文龙，使用化名，人家称汪为李先生。胡公冕先生随后就来。先前，胡公冕指示汪文龙做地下工作，汪文龙愿带兵。卓平西与黄村王信郭是连襟，也是东村邵祯俊姐夫，在东港（珍溪）有一定的群众基础。卓平西、李世勋、胡黄金常住黄村王信郭家，黄村人员由李世勋带队，有王信郭、王清贵、王圣来、王信浪、王振东等参战。下峁村有金凤林参战。5月9日早晨，胡公冕派王兴龙到下箬溪，催促李陀四[②]带部队快速出发到枫林。回来后，王兴龙与金凤芝一直在兆潭留守过夜。[③]

5月7日（农历四月初九），鲤溪深固红军中队长陈瑞兰到五㴐地方探听消息，得悉胡公冕已到岩头金则意家里，就去恒新店铺楼上与胡公冕会面，商定第二天到鲤溪收缴枪支事宜。8日上午，胡公冕首先收缴国民党驻扎岩头部队的武器，并请国民党永嘉县第四区党部书记滕毅协助，进入岩头小学校园内，召开动员大会，参加会议有数百人。1925年，滕毅为枫林永嘉县立第八小学校长兼毕业班级任，建立永嘉县第四区党部第七分

---

① 胡邦赏为潘德松证明材料，1985年4月10日，永嘉县民政局档案。
② 苍坡李雍科，生五子：熙本（陀大）、熙桢（陀二）、熙㮨（陀三）、熙道（陀四）配霞美滕氏、熙松（陀五，字岩松）。
③ 王兴龙《攻打黄村瓯盐公所的情况》，蒋寿平记录，1986年4月6日。《王兴龙报告》。《永嘉县党史资料》合订本第16册，第7、12—15、19页。

部，指定学生徐象鸾为分部书记。1929 年 2 月，滕毅为永嘉县党部执委会监察委员。1931 年，永嘉县党部下设区党部五个，区分部二十八个，共计党员 314 人。第四区党部驻岩头第八小学（甲部）。[1]徐定魁（1901—1930.6）的部队有鹤盛乡麻溪村徐定益、徐定满、徐定芳，岭窟村李进楷，东皋乡东皋村周金妹、蓬二村谢宝元等 75 人。会后，胡公冕即带领红军部队前往鲤溪。李永科与李昌顺发动群众，到鲤溪殿岭上迎接部队进村。胡公冕等人在李益华（徐象严表侄，浙江法政学校毕业生）家吃中饭后，即到李氏大宗召开群众大会，发动大家献枪献弹，收集枪支 40 余支。收缴鲤溪乡政府步枪 12 支。[2]

5 月 8 日下午 3 时，枫林党组织安排地下党员七分房徐寿楷（定家）、老四房徐象仙以及枫林十分祠堂警察所警长郑月候和警察枫林下岙金朴勤等，暗中做好城内接应工作。徐寿楷到发迹门内的惠日寺营房园（曾改称勉园），动员守炮的国民党士兵回家吃接力（午后的点心），由他负责看护，然后暗中倒掉猪娘炮（农民自制的土炮）里的火药，改用砻糠填充炮筒，削弱国民党驻军的防御火力。[3]此时，徐归生（十分七房）、徐定乡（状元府九间东轩武举人）、徐思诵（老四房镜架山迁居后宅大川）、徐鸿涛（小三房后七分学海文河宅）、徐定趋（归生侄儿，住枫林小学东北角）、徐济川（贞二房圣旨门街帅仁蹈礼宅）共 6 人前往岩头丽水街恒新店铺老板金则意家中，与胡公冕商议红军游击队进入枫林整编为红十三军的妥善方案。[4]接着，胡公冕在芙蓉司马第陈叔平家写信送给枫林驻军连长谢次如，

---

① 金华浦江汉侯高仰山编《永嘉乡土地理志》十五《党部》，1931 年 10 月，鹿城公廨二此园。
② 陈瑞兰《鲤溪乡红十三军组织活动情况》，李守业、戴显璜记录，1988 年。陈平补充，2007 年。
③ 金秀英回忆红军事件，1999 年 5 月 6 日，永嘉县光荣院。
④ 枫林乾寿堂徐贤焕口述，1998 年 8 月 3 日。岩头金英涛口述，2001 年 3 月。周碎玉回忆徐利三与红军事件，2006 年 2 月 12 日。

陈叔平

请他过来会晤，因身边没有私章，就盖上陈叔平的私章。[1]胡公冕与谢次如秘密商定国共两军攻守枫林的方案：白天彼此开枪作战，假戏真做。夜里省防军撤退，红军进城。白天红军撤退后，省防军进攻红军活动据点，只能选择一些破房子，拆下木料焚烧，将财产损失减到最低限度。[2]夜间，胡公冕和孤山潘德松（黄埔三期毕业）还到五溁路亭开会，交代五溁红军游击队攻打枫林的注意事项。[3]

胡公冕在后勤供给方面也做了充分的准备工作。下箸溪（象川）周氏及其分支枫林垟山头（杨屿）、湖西等村的周姓和五溁胡氏是谊族。胡公冕专门派人发动垟山头周姓人烤麦饼，准备给红军做晚饭干粮，事先约好："如果晚上六七点钟枫林就起火的话，你们不要送麦饼；如果枫林起火时间迟的话，你们送麦饼过来。"晚饭后，垟山头村的人们依然清楚地看到，一队队红军向山上奔过去，场面很热闹。天色还有点亮的时候，枫林就起火了，所以大家已经烤好的麦饼也就不送了。[4]

发起浙南重镇枫林暴动

1930 年 5 月 9 日上午，岩头丽水街一带热闹非凡。丽水湖西北金显通家的迎湖庐楼上，胡公冕、金家济（贯真）等红军领导人与枫林各房派绅士代表徐归生、徐定乡、徐思诵、徐鸿涛、徐定趋、徐济川共 6 人，继续商谈红军游击队妥善进入枫林整编为红十三军的有关事宜。谈判结束，岩头亲友对徐定趋优待有加，提供乌烟（鸦片）给徐定趋吸，结果使他错

① 卓力文《回忆红十三军片段》，1999 年，温州翠微新村 39 幢 407 室。
② 谢庆潮转述谢次如的谈话，2009 年春。
③ 《关于潘德松历史真相问题的补充材料》，1985 年 9 月 11 日。
④ 枫林周碎玉（徐济川利三媳妇）回忆，2006 年 2 月 12 日。

失时机，未能在胡协和发动攻城之前回枫林城里报信说明情况，使城里城外产生许多误会。胡协和部属潘善琴擅自开枪宣战，浙保四团二营五连连长谢次如（黄埔三期毕业）部属在防守中开枪射击，伤害一些红军战士，给他与胡公冕的师生关系蒙上阴影。

浙江两级师范毕业生、枫林警察所文书徐济川

胡协和率领的游击队从龙潭坑出发，经过岩头小港滩头涉水，李世勋（世良大哥）率领的队伍共有200多人从苍坡出发，会合楠溪其他部队共计1000余人驻扎在沙岗待命。交通员屿北汪吉仁（胡卜熊内侄）随同各地红军游击队行军，先期到枫林沙岗集中待命，因无任务，回到岩头迎湖庐金显通家（汪吉仁误作金家济家，经金雪亮订正），长兄汪瑞烈劝说他不要随意走动，并指点他认识在场的金家济。汪瑞烈的妻弟溪口红军中队长戴家业是戴沛荣（徐定超三子象先原配戴氏的父亲）的侄孙。

胡协和率领的红军游击队在没有得到胡公冕命令的情况下，先期奔上徐家垮八房山，占据枫林镇北部的制高点，逼近黄桥头发迹门。枫林方面看到城外背枪的人少，来自岩坦港肩扛扁担红布袋的人很多，唯恐情况有变，关闭城门以观动静。徐定魁的部队在张大屋、溪南吃过早饭，从象岩潭进入枫林城外。随后，雷高升率领廿四垄的游击队取道象岩潭，进入枫林城西坎下垟的麦田里。陈文杰率领的游击队取道珍溪口而来，占领枫林蒋家岭至下社殿一带的高地。枫林镇古城东面空间不布置红军部队，预备做守城武装力量的撤退道路。

上泛周明福、港头周宅周崇生（后来以唱道情谋生）等红军头目带着许多人在愵堂徐存金家里烧茶水喝，场面很热闹，来自岩坦、黄岩、乐清、仙居等地的人都有。先前，徐存金家居住鹤盛季家岙种田，长子徐定标经常在胸前挂着两个手榴弹，跟随小麻子(潘熙堂)身边，参加农民武装暴动。①

---

① 徐定绪《回忆红十三军成立事件》，2009年4月3日。

　　上午 10 时，太阳已经升高，许多红军游击队员站在麦田里，等得不耐烦起来。胡协和部属潘善琴没有得到胡公冕下达的攻城命令，擅自开枪，打倒城头守军一人。徐济川等人告别胡公冕回到枫林黄桥头时，正是城门紧闭作战时候，不能进去，只好坐箯回身离开，向胡公冕告知情况。胡公冕与陈叔平、徐承轩等人一起坐箯赶到黄桥头，徐承轩向发迹门喊话"不要打，要讲和"。和丰洞徐定川负责守护发迹门，他在城头瞄准胡公冕的箯椅打了一枪，胡公冕赶紧跳下箯椅，远离城门。徐承轩大叫"是我，是我，勿打，勿打，讲和，讲和，摆酒请客"。徐定川打开城门，只放徐承轩一人进城，马上关闭城门，城外其他人员分散退去。金文祥站在岩头小学后面的屿山背上，很清楚地看到一些人爬上城墙的情景。

　　枫林有一城三堡，在溪流两侧形成掎角之势，易守难攻。浙保四团陈主巧率领两个营 500 余人驻守枫林，还有枫林区政府自卫队，力量很强。[1]

① 王兴龙《我参加红军的经历》，蒋寿平记录，1986 年 4 月 16 日，于珍溪黄村。《永嘉县党史资料》第 123 册，第 206—221 页。

各座城门设置碉堡，装备有猪娘炮、三节炮、五节炮、七节炮、九节炮等十几门火炮，士兵的枪支有双管九发水笕溜等，杀伤力强。浦亭街王宅东面徐象清（贤铄父）、徐清妹（戴宝椿妹夫）、徐碎妹兄弟守护冷泉门，拥有快一、快二等枪支，是当时比较先进的武器。大门台城堡的高屋后面的城外，有一名红军战士将箬笠帽套在棒头，戳到城墙头试探，被鲤溪乡叶坑高山村居住枫林的徐洪石一枪打中飞掉。这支游击队知道里面有好枪手守卫，就向后畔山五分祠堂退去，转到下社殿。虽然守城武器精良，弹药充沛，但是城中有许多人暗地里参加中共或红军组织，并不存心往死里打，只是扮演着虚虚实实的战斗场景。浙南各地红军游击队的枪支弹药稀少，且无地利凭借，只能虚张声势。

大门台四面屋的早期地下党员徐象鸾背着猪娘炮，守卫大门台西面的大威门，却不开炮。贞二房徐象烘（1894—1947）和徐芙蓉姆（象器，来薰路贞二房四份头徐贤鸿父）防守枫林赖苏巷北太平门，各有一支射击子弹的长枪。徐象烘的妻子金招弟是深固陈国清的表妹。陈国清（怀富，1906.5.31—1945）[1]率领的红军游击队在溪流北岸攻打太平门，帽舌被徐象烘打中，帽子飞掉，虚惊一场，赶紧向五分祠堂方向撤退。晚上红军进城后，陈国清到徐象烘家里将白天发生的险情告诉徐父（徐定珑，字玉生），非常气愤地说："象烘这个贼儿，若抓住，一定揍他半死。怎么能这样打枪呢？如果打的地方再下一点，我的命就没了。"谦益堂下屋徐贤张（福星小叔）、徐顺星、徐顺善守卫解阜门。徐贤张刚从台州驻军休假回家，借用下汇源徐德斋的驳壳枪，在各处城门巡逻。[2]从中午到傍晚，红军游

---

① 其妻蒋月婵（1911—1982），为鲤溪乡鲍岙人，在枫林圣旨门街经商。抗战时，陈国清为隶属叶芳部队的中队长，在丽水战死。
② 徐钟英《回忆红军事件》，2009年1月25日。

击队一直被关在城外。①

　　下午3时，胡公冕率领红军游击队撤退到沙岗休整。陈文杰、雷高升等红军领导人沿着下社殿山脚的水坑，潜往靠近枫岭门东南的杨园徐存庄墓园集结，以内外两重高墙为掩体，等待十分六房御园祠堂的内应徐象仙起火，制造混乱之后，就近乘势进城。这时，枫林东部的几座城门打开，让人们自由出入。有乡人向徐端甫请示"接着怎么办？"徐端甫说，"今天的事情由拿枪的人说了算。"随后离开枫林。徐鸿涛"率健儿抗拒竟日，与徐征君（端甫）乘间逸出，绕道乐清至于温郡"，向国民党温州军政长官汇报，"卒以弹药不继，被匪攻入"。他们请"效秦庭乞师以退群丑"，以此掩盖枫林进步人士倾向中共浙南组织和红军游击队的事实。②徐贤澜陪同其父徐象严进城，其家属安顿在窦妇桥徐象藩家中。徐嘉言将儿子徐松林（1923年生）交托给徐象严带到温州窦妇桥，与徐贤澜次子徐顺教一

①　叶大兵《浙南农民暴动和红十三军》，浙江人民出版社，1982年1月，第63页。
②　夏弼《徐鸿涛先生行略》，枫林《徐氏宗谱》，1940年重修本。

起居住。①

晚上，浙南红军游击队重新包围枫林镇。7时许，天色微明，下社殿山烟墩高处，先是手电光向空中晃了两下，接着一阵火光直冲天空。②胡公冕命令红军战士李进楷（鹤盛乡霞岭根村岭窟人）将一捆松毛柴背到枫林城北堡坳高处，灌上煤油点火。当时，十分六房御园祠堂为徐定滔一家人居住。徐定滔妻子亲眼看到，徐象仙端着一饭盂的火药和一支点燃的长香，掩藏在御园祠堂前柏树上的稻秆堆里。胡公冕在城外点火后，徐寿楷（谱名定家）、徐象仙、何顺发（何景文子）以及驻枫岭门十分祠堂警察所内部警长郑月候、警察金朴勤等，分别点燃枫岭门内侧的十分祠堂与白门台外的御园祠堂，火光冲天，城内外齐声呐喊，制造红军进城假象，诱退驻八房祠堂的浙保四团二营营部、驻十分祠堂警察所等国民党武装从枫林城东退出，往孤山方向撤走。这时，枫林代表徐济川等人跟着胡公冕的部队进城回家。

枫林负责守城的高层决策人士都是胡公冕、谢文锦等人的亲戚。徐象胜、徐贤和叔侄都是谢文锦发展起来的共产党员。雷高升则是徐象严、徐鸿涛、周之庠等人的学生。十分七房徐归生（金守仁连襟）特地到谦益堂徐象鑫家里，商量让红军和平进城的事情。他们认为，如果发生激战，对枫林地方的百姓没有好处。

1930年7月，《圣教杂志》第七期有沈鼎臣《温州枫林天主堂遭匪脱

谦益堂

---

① 上海社会科学院哲学所徐顺教回忆，2012年4月4日。
② 叶大兵《浙南农民暴动和红十三军》，浙江人民出版社，1982年1月，第63页。

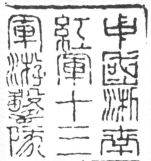

险志略》："枫林为楠溪名镇，东南西三面皆山，为天然之屏障，西南有长峰岭（蒋家岭），为交通要道。更筑城以环之，形势颇稳固。居民千余户，风俗淳厚，信友数百，司铎林公驻焉。田园肥沃，大半业农，市肆荟集，商业兴隆。光复以来，向有国军驻守。""团兵百余人，纪律森严。五月初，国军他遣，团兵日夜巡守，以防不测。讵知共魁胡公冕、谢文侯、周新韬（诜枹）纠合雷高声等，党徒数千人，自号红军第十三军。""竟于五月九日上午突来一信，内容告借枫林暂住数日，令民团枪械一概缴付，待大事成功，如数偿还。"下午二时，红军游击队将枫林团团围住，一声炮响，四面夹攻，弹如雨下。老小妇女逃到天主堂避难二百余人。忽有一弹飞来击破厅前阶石，又有一弹击破钟楼一砖。南门投进炸弹数枚，幸皆误落秧田。东北水门有机枪防守（大门台西侧大威门为地下党员徐象鸢看护猪娘炮防守），北门（太平门为赖苏巷徐象烘、来薰路徐象器防守）兵勇城固，攻打不下，游击队渐渐退去。"雷高声等伏在南门（指御园门）

外大坟（徐存庄墓）内，尚未退出，傍晚时分，潜至城下。""高声将木壳枪连放数枪，一跃而进，随后数人，直向民房放火，火势猛烈，满城通红，城内诸反动分子亦乘机捣乱，喊声震耳，四下匪徒拥进，兼之号筒声、枪弹声如山崩地裂，势不可挡。团兵力敌不住，遂与各要人由东南逃往谷（孤）山而去，时方八点半。"胡公冕等十余人到天主堂向神甫林公借空房暂寓，十时始行安民。总计房屋被烧十余座，教友仅两户，大店富家扫荡一空，全村损失五十余万元。

红十三军整编成立

5月9日晚上，浙南温州的永嘉、瑞安、平阳，台州的黄岩和仙居，处州的青田、缙云及永康等地的红军游击队和领导胡公冕、金贯真、陈文杰进城后，到惠日寺里召开红十三军成立大会。[1]张溪石陈潘熙堂（绰号小麻子）的部队因得到接头信息较迟，这时还在枫林镇东北镜架山行军过来。[2]

胡公冕站在戏台上演说并宣布："从今天起，我们不再叫农民暴动赤卫队，就叫做浙南红十三军。"[3]深固村陈瑞兰（徐定超姻侄）担任军长胡公冕的警卫员兼军部宣传员，在胡的身边巡逻和联系有关事宜。陈瑞兰身穿红色绒衫领甲，年纪轻个子小，举动灵活，在惠日寺中戏台上跳下，跳上，保护胡公冕的安全，特别引人注目。[4]

中国工农红军第十三军正式成立，军长胡公冕，政委金贯真。原来拟

---

①　汪吉仁回忆，2002年6月19日。
②　徐定绪《回忆红十三军成立事件》，2009年4月3日。
③　金秀英《回忆红军事件》，2001年4月16日，永嘉光荣院。
④　深固村陈平记录整理《陈瑞兰口述（1980）》，2008年5月30日。

任政委的陈文杰改任副军长兼政治部主任。[1]政治部副主任秦龙。中共红十三军军委书记，先后为金贯真、陈文杰（柴水香）。[2]陈文杰"兼任共产党浙南军委、浙南特委会常委等职云"。[3]参谋长刘蜚雄，后为徐挽澜。方介堪书写、林希骞（孙孟昭丈夫）刻字，完成专属军印一方。[4]

枫林籍徐文龙负责军部教导处工作，在大会上向红军战士发表热情洋溢的讲话。[5]原黄埔军校第六期步兵第十中队中尉队附、南京中央大学军事教官徐挽澜（谱名定标，字锦波）负责军部组织处工作，经济部总监岩头金则意（金雨进长子），军长秘书枫林八房祠堂前徐寿萱。祖籍枫林的徐定魁任红一团中队长。后山村徐定军（徐存敬子，徐寿考堂兄）为深固村红军中队长。会后，红十三军即以惠日寺为营地，在寺西营房园里进行军事操练，立正、稍息、枪上肩、卧倒、散开，整整训练三天。大家称为"俄国操"。[6]

5月9日早晨，胡公冕在兆潭村派王兴龙到下箬溪，催促李陀四带部

① 金秀英《回忆红军事件》，2001年4月16日，永嘉光荣院。
② 王健英《红军统帅部考实》，广东人民出版社，2000年1月，第98页。
③ 上海《民国日报》，1930年9月27日；转引自《红十三军与浙南特委》，第257页。
④ 《方介堪与中国文化名人》之《年表》，西泠印社出版社，2010年10月，第283页。
⑤ 董明《徐文龙烈士传略》，周天孝主编《为人师表》第125页。
⑥ 叶大兵《浙南农民暴动与红十三军》第63页。

队快速出发到枫林。王兴龙与金凤芝回来后一直在兆潭留守过夜。[①]10日早晨，王兴龙与金凤芝到枫林，胡公冕办公室驻在天主教堂门口空房子及配享庙（徐氏大宗祠背部，枫林初等小学校舍）。胡公冕指示他们写宣传标语，自己去操场开会训话，会场有三四千人。王兴龙与金凤芝写了100多张标语交给汪文龙在街巷张贴宣传。[②]做了一天安民工作。芙蓉司马第大屋陈叔平到枫林看望胡公冕，两人在圣旨门街肩并肩散步，引人注目，被人认为有"通匪"的嫌疑。傍晚，胡公冕派人到附近各村宣传"红军革命与百姓无妨"，动员避战外逃寄宿亲友家中的枫林人回家，并通知他们在11日下午到惠日寺营房园里听胡公冕演说。天黑前，许多枫林人回到

---

① 王兴龙《攻打黄村瓯盐公所的情况》，蒋寿平记录，1986年4月6日。《王兴龙报告》。《永嘉县党史资料》合订本第16册，第7、12—15、19页。
② 王兴龙《攻打黄村瓯盐公所的情况》，蒋寿平记录，1986年4月6日。《永嘉县党史资料》合订本第16册，第15页。

自己的家里。

　　胡公冕住处位于枫岭路下汇源徐定椿住宅，李进楷进城后找到这里，看到胡公冕、谢文侯正在喝海参汤，也分一些给李进楷喝。徐象严撰，马公愚书《从叔徐定椿先生六艶寿序》："兄弟同爨三十余年，雍雍肃肃，内外无间。析箸，时叔以分产书索弁言于先侍御班侯先生，先生尝以兄弟睦家之肥勖之。……哲嗣三：长立言，次象杞，又次吉量。立言少问字于予，曾毕业于楠溪高小学校，端品力行，斐然成章，嗣入东瓯法政学校。"祝寿名单有谢文锦、金祖声（守仁）、谢国溪（雪轩）、戴宝椿等浙南党团红军领导人，温州学生运动领导人徐景春（逢时），有马毅（孟容）、夏弱（澈尘）、周熊（之庠）、周继恩（仲波）、曾成鎏（耕西）、徐天邀（石麟）等永嘉教育、书画、实业界名流人士。

　　5月10日上午，金文祥到枫林到惠日寺看望红军，看到金贯真仍然在

徐启秀（左）和李超英（右）合影

场。当时红军中有一个共产党员叫金国祥（1927年7月温州浙江省立十师毕业），有人误以为金文祥就是金国祥。当金文祥要离开惠日寺回岩头时，站岗放哨的红军战士不让金文祥回来，金文祥不知道什么原因。后来，经金贯真给他们解释一下，金文祥才得以回来。

　　温州、台州、处州（今丽水）等地红军部队在枫林进行整编期间，按照中央决定，正式公

布红十三军的番号，红十三军政治部的红绿标语贴遍了圣旨门街。[①] 枫林地方赠送红十三军许多精良武器和弹药。中共党员徐启秀，在珍溪湖头寮开布店，在沙岗设立烟厂，资助红十三军

500 银圆。雷高升、胡协和、金秀英等同志到孤山地方拿来 2 支步枪，收缴当地军政机关枪支 10 余条。当时，农民斗争决心很大，要求"拼命地奋斗，夺取温州城，杀尽豪绅地主及一切反动分子，再由温州而闽北，而闽南、闽西，与朱毛红军会合。"[②]

金贯真《给中共中央的报告——在浙南组建红十三军的经过情形》："自前日（5 月 9 日）攻下反动乡村枫林、碧莲等地方后，影响更大，但没有得到很多的枪支。现在计已成立第十三军第一团，人数三千二百余，枪支共七百余支，但只有四百支是好的。这一团在五月前攻下枫林时才组织成功，指挥者仍是胡公冕，因除他外实无人能负起这种责任。同时因他工作积极，有军事能力，各游击队同志很愿由他来做指挥工作。""养成真正的红军战士，明了他们的任务，坚定他们的革命精神，开始创造第十三军的光荣历史。"[③]

[①] 枫林党支部《枫林的革命》，1983 年 6 月。
[②] 《中共永嘉县委一月份工作报告》，1930 年 2 月 20 日，《红十三军与浙南特委》第 50 页。
[③] 解放军档案馆编《红十三军和浙南革命斗争》，解放军出版社，2014 年 10 月，第 249–252 页。

红十三军筹建史钩沉

1929年10月，西楠溪党员发展到505人。1930年6月统计，未暴动前，永嘉全县计有12个区委，125个支部，1200名党员。其中西楠溪七区（沙头）、八区（枫林）、九区（岩头）区委支部的党员同志十之八九到红军中去当兵。[1]

军民审判大会及善后工作

徐象严《徐定谦百岁坊记》载，胡公冕围攻枫林时，城外人员达4000人。浙南红军游击队进枫林城后，主要领导人和温台处各地红军3200多人集中惠日寺开会之外，还有大批人员散布枫林镇上。一些违法乱纪分子乘着混乱之际，在镇上"毁房百数十间，恣意掳掠"。[2]

枫林白门台以西的三座大屋是金守仁连襟徐归生、胡卜熊祖母徐氏、胡惠民岳父徐宝权等人的房屋，被不法分子用洋油淋洒板壁栋柱引火烧毁。五㴙胡协和的舅舅港头李福真因受同村李岩龙欺压，搬到枫林住在徐归生的房屋里。他的住宅被烧时，对胡协和大喊："协和外甥，我住的屋宕被你们烧掉了，怎么办？"胡协和说："现在火焰已经到天空了，没有办法救了。等到天下打定了，我们再造一座三层楼还给你住。"然后，将舅舅邻居徐凤严的小孩徐钟英带离火灾现场，到下大宅马槽头安全地带，并给他几粒薄荷糖吃。有名士兵向胡协和报告烧毁民房的功劳，胡协和气急之下，想枪毙他，那人赶紧逃跑。五㴙战士岭根郑金魁（九盛伯父）在枫岭门内保护亲戚房屋时，被乱枪打伤掉在火堆里被烧死。司务长表山郑九克保全谦益堂岳父房屋，在隔壁瑞堂房新屋分配火药时被烧死。5月9日晚7时许，红军进城之时，枫林大部分青少年离开家乡，投奔各地亲友家中

---

① 《中共永嘉县委五月份工作报告》，1930年5月31日，《红十三军与浙南特委》第4、110、171页。
② 夏弸《徐鸿涛先生行略》，枫林《徐氏宗谱》，1940年。

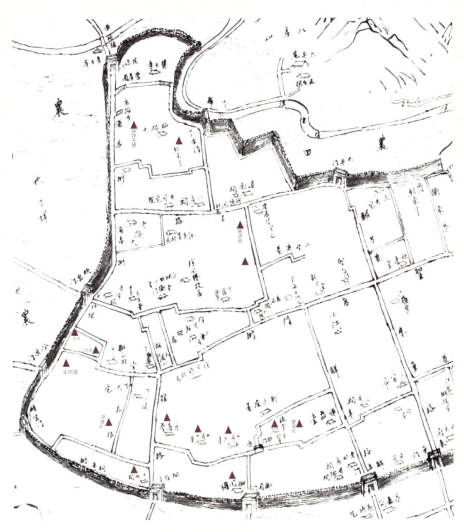

寄宿。衙门前徐珍廷携带家人到温州城里，居住窦妇桥与马宅巷之间的堂
兄徐象先家中。魁星潭徐定钗赶着自家的耕牛到孤山舅舅潘昌次家中。前
七分宅徐贤松被家长带到湖西舅舅周怀陆家里居住，停学好几天。枫林地
方上大多数人躲避到外村去。衙门前徐定超的家产也被抢劫一空，枫林小
学在读生鹤盛谢修齐因世交居住徐定超家的房子，他的被铺也被拿走，只
得回家再拿一条被子来。①

---

① 原永嘉县私立济时中学教员谢修齐口述，上塘城北街住宅，2006 年。

徐承轩居住楠溪高等小学东北的住宅，其东侧邻居被烧两座，惠日寺南也有两座房屋被烧，还有下大宅戴宝椿的亲戚及邻居房屋多座被烧。浙江两级师范学堂校友兼亲戚徐承轩、徐利三斥责胡公冕，要求迅速做好安民工作。9日晚上11时，胡公冕命令士兵敲锣安民，但不法分子屡禁不止。枫林镇上一片混乱，不法违纪分子浑水摸鱼，沿街店铺和大户家庭财物被抢夺一空。南岸周诜炮的兵不服管，到春裕布店里寻出许多东西放在门板上，盖上红被，装作抬死人的样子抬出去。瑞安"糖糕"只穿一条短裤，进城后他去枫林街上找到一块布做裤穿。周诜炮的一个士兵看到"糖糕"拿着一块布，要抢夺过去，两人争吵起来，被胡公冕看到，就过来询问原因。周诜炮的兵说"糖糕"抢老百姓的布，而他则要将它缴来交给胡军长，胡公冕非常愤怒，把他也枪毙了。① 红军中队长徐定魁先前由徐归生、徐承轩叔侄介绍加入胡协和游击队，此时在圣旨门街巡逻，到街道东端堂兄徐定旺家安慰说："我们是自己人，不用怕。"并在门缝里插上一根鸡毛作为保护标志，警告战士路过不许干扰。②

岩坦屿北村汪宝松《回忆录》说："苍坡出发的队伍共有200多人。当时驻枫林的省防军有一个连的兵力，他们（省防军）听到枪声就四处逃命。我们攻下枫林后，红军战士放火烧了几个私通国民党反动头子的房屋，并在枫林筹集了一批枪支和资金，返回苍坡。我照旧住在姐夫李世良（屿北汪可旺的女婿）家里。在苍坡，我们一边休息，一边筹集枪支和资金。"③

5月11日上午，苍坡李陀四等3人擅自离开枫林队伍，到下箬溪村敲杠，冒称胡公冕军长有指示，强令周氏族众捐助600银圆充当军费。周氏族众

---

② 宣统二年（1910）《枫林徐氏宗谱支图叁》："昇十七宅派（五分大房），存标子二：定春、定奎（魁）。存木子定满。存梧子定旺。"鹤盛麻溪有徐定魁、徐定益、徐定进、徐定满、徐定芳参加红军。

③ 汪宝松《回忆红军事件》，1985年1月3日，永嘉县民政局档案。

说，他们尽力而为，也只能提供 300 银圆，李陀四不依。下箬溪周氏宗族与五濑胡氏宗族是谊族，当地开明绅士周伯蒸是郑恻尘的表兄，两地人民交情深厚。先前，夏直臣曾在下箬溪小学教书，

周氏女婿溪南卢园寿以传授武术的名义在下箬溪发展红军组织，使该地百姓对于胡公冕的革命行动具有相当的信仰。下箬溪周氏族众一边安抚李陀四等 3 人，暗中派代表赶到枫林军部驻地惠日寺，找到胡公冕求情，要求胡军长减少捐助数额。胡军长声称，从来没有派款一事，并立即派一队人马到下箬溪将李陀四等人抓来，看管起来。

11 日下午，胡公冕召集枫林百姓，在惠日寺西边的营房园召开军民大会，对纵火抢劫的违纪分子进行审查。胡公冕站在一张八仙桌子上面，中等身材，一身教书先生打扮，戴学士帽，穿纺绸长衫，手拿斯德克棒（内藏刀的拐杖）。起先，胡公冕不知道是谁放火，就在会上讲："前天，我们攻城非常困难，全靠这阵火烧起来，乱了敌人的阵脚，才攻进城来。放火积极的人有功，应该给予奖赏。放火越多功劳越大，奖赏越多。有放火的人自己报名。"实际情形是，枫林城内党员红军根据领导人部署计划烧毁 2 座祠堂在前，各地红军游击队进城集中惠日寺在中，违法乱纪分子放火烧毁 10 余座民房在后，性质不同。苍坡李陀四不知是计，马上说："我放火最多。"胡公冕说："有谁看到？"呑底李某说："我看见了，我与他一起放火的。""还有谁看到了？"峡垟李起角说："我也在一起的，看见了。""你们是一起的，看到了，还不算数。群众中有谁看到了？"会场群众说："放火的人，确实就是他们几个人，我们都亲眼看到的。"

于是，胡公冕话锋一转说："放火，是否需要枪毙？如果需要枪毙的话，你们举手。不需要枪毙的话，你们不用举手。"在场的百姓没有一人不举手，有一些人甚至举双手，大家一致表决通过，枪毙放火烧房的违纪分子。[①]

胡公冕安慰大家说："我们革命是为打天下，不为别的。李陀四这班人是刚刚招安过来，组成一支部队还没有受训，所以会放火抢劫。至于其他部队就不会这样了。所有的罪行都归在这几个人身上。你们不用生气，天下打定之后，共产党会重新建好房屋还给你们的。"同时，对在场的红军战士宣布军纪，不许随便拿群众的财物。[②]最后，胡公冕下令将放火抢劫的不法违纪分子李陀四、苍坡呑底李某、岘垟李起角和瑞安"糖糕"等四人押赴惠日寺后上社殿山（堡坳）枪决。[③]

徐按，据《王兴龙报告》载，5月11日午后，胡公冕去操场训话，宣布苍坡李陀四罪恶并枪毙，至下午3时散会。胡公冕回到办公室，指示王兴龙与豫章胡文西仍在浙南做宣传工作。[④]把5月10日上午胡公冕去惠日寺操场训话和5月11日下午去操场训话混同作一次会议，据枫林徐定钗回忆情景，订正作两次会议。

军民审判大会之后，胡公冕在枫林农会负责人、小学教师徐贤璧（赵卿，配东郭屿东房金明绍之女）的陪同下，视察了灾区。胡公冕对被烧毁房子的群众表示慰问，又对徐贤璧说："请转告受灾群众，革命成功的时候，我党会建造新房归还他们的。"[⑤]委托姑父徐定超的门生、前清国学生盐场大使二宅底徐烈侯妥善做好受灾群众的安抚工作。据枫林族人统计，

---

① 《徐象炀回忆红军事件》，1999年2月19日，2001年3月28日补充。徐定钗、徐钟英、谢喜庆的回忆内容大致相同。
② 《徐定钗回忆红军事件》，2006年2月2日。
③ 金秀英《回忆红军事件》，1999年5月6日。
④ 王兴龙《攻打黄村瓯盐公所的情况》，蒋寿平记录，1986年4月6日。《王兴龙报告》。《永嘉县党史资料》合订本第16册，第15、19页。
⑤ 枫林党支部《枫林的革命》，1983年6月。

枫林营房原门台

这次事件中，枫林地方被毁民房共 209.5 间。

叶大兵《浙南农民暴动和红十三军》说："在攻打枫林时，发现几个士兵破坏纪律。有个战士叫李陀四，一进城，就到布店抢布，后又到下箬溪私自收税。当时红军有一条纪律规定：凡抢掠劳动人民财产和损害劳动人民利益者枪决。为了严肃军纪，军部在枫林操场上召开了士兵和群众公审大会，在会上宣传了红军的纪律，最后枪决了李陀四，大大整肃了军纪，红军的威信更加提高。但也有少数动机不纯分子在大会后偷偷逃跑了。他们原先以为当红军可以发洋财，现在见没有洋财可发，自然就和革命分家了。这好比大浪淘沙，去掉这些泥沙，对红军来说，只有好处，没有坏处。"[1]

1955 年，徐贤璧为受灾群众写过报告，温州专署曾批转永嘉县政府酌

---

[1]　叶大兵《浙南农民暴动与红十三军》，浙江人民出版社，1982 年 1 月，第 63—64 页。

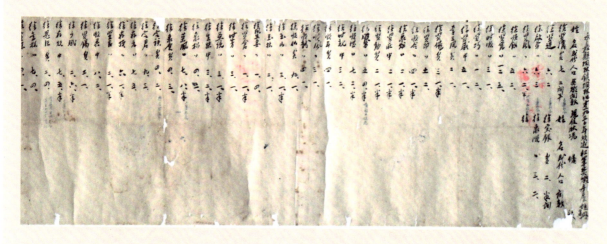

徐贤璧手迹。李昌
贤摄

徐贤璧

情办理，但是没有结果。[1]1958 年，枫林许多受灾户筹集资金，给胡公冕的秘书徐寿萱做路费，到北京寻找胡公冕，请求补助，也没有结果。[2]徐寿萱到上海，身边的钱用完了，得到曾驻枫林耶稣教堂传教的牧师、中共温州独立支部 12 名党员之一、时任上海基督教勉励会总干事尤树勋资助路费，到达北京。那时，胡公冕的境况也不好，乘兴而去，败兴而归。回家的路费又没有了，得枫林十分房上三退徐凤富子、北京大学在校生徐贤育的资助，回到上海，再得尤树勋牧师的资助，返回枫林家中。

徐贤璧手稿《永嘉县枫林镇枫林地方一九三〇年欢迎红军焚毁房屋姓名册》[3]记载，枫林下大宅东南新路头 1 座，耶稣堂以西头坦龙、二坦龙、王宅共 3 座；二宅底巷新店前 2 座；后宅下埠门内朝东屋 1 座，新裕大北邻高踏步 1 座；共有 8 座 113.5 间，受灾户口计 47 户 208 人。中农 8 户 39 人 28 间，人均 0.72 间。贫农 39 户 169 人 85.5 间，人均 0.5 间。新路头徐象宣和头坦龙徐贤奎妻子郑氏（1869—1930）被烧死，后宅下埠门内朝东屋徐思汪的四岁女儿葬身火海。以上《焚毁房屋姓名册》不包括白门

---

① 枫林党支部《枫林的革命》，1983 年 6 月。
② 徐贤庄《回忆红军事件》，2009 年 1 月 24 日。
③ 徐贤璧的外孙胡方新提供稿件，2005 年 6 月 24 日。

台巷被烧毁的 5 座房屋 96 间，其中正屋 49 间。王宅住户仅记载徐时顺 1 间，徐玉林 1 间，没有记录徐象清（徐贤铄父亲）兄弟居住的房屋间数。徐象清弟徐清妹居住溪口开店，家产殷富，不久重建房屋。

刘定卿《省防军和枫林民团火烧五�》说：在五㶇走访时，"有几位老人道出了其中的秘密，他们是听五㶇当年老红军说的"。"攻入枫林城后，红军部分人员究竟是为了出气，还是传达命令有误，各部进城后就烧毁枫林镇上几座祠堂，并一路点燃民房，把枫林镇烧得烽火连天。""在枫林烧毁一百多间房屋，五㶇人早就知道枫林人必定会来报仇，于是有的大户人家早就把值钱的东西转移了，人也转移到安全的地方。"5 月 16 日，省防军组织 9 个连队 1000 多人，到五㶇抓人烧房子。"胡明松在现场说，当时烟很大，有些房子被大烟遮住了，没有被发现，其中胡邦宽大屋后面的一座大屋就是被烟遮盖住，而幸免于难。"①

军部移师表山

1930 年 5 月 12 日（农历四月十四）上午，台州、处州等地红军代表及部分西楠溪红军分队负责人率部回驻各地。因考虑到军事地理、经济条件、社会基础、敌我对比等因素，胡公冕率红十三军军部精干力量 900 余人离开枫林惠日寺，取道五㶇村庄对岸山岭行军，移驻表山郑氏大宗，继续训练 2 天。红军伤兵安排在潘溪屿山南麓岩头小学（今永嘉二中校园）的学生寝室里养伤。金则意从恒新店里搬出布匹，组织裁缝师傅在岩头制作红十三军的袖章。陈叔平前往平阳禁烟局任所，准备协助策反平阳守敌接应红军工作。

---

① 刘定卿《浙南红十三军传》，中国文化出版社，2016 年 10 月，第 117、119 页。

表山郑氏大宗和下六分祠堂南北相邻，成为红十三军军部和红一团团部营地，下六分祠堂前空坦和前清贡生郑清城住宅前道坦为红军训练场。下六分祠堂为郑大章纪念祠堂，也是表山民团驻地。有几个红军干部穿针编织的长衫，坐在箩里抬着过来，有怀表。郑卿坚听胡公冕讲演说有两次，说是"农民苦，必须解放出来，把地主的田都分掉"。台下的红军听众1000多人，武器有钢刀、快五、火枪，驳壳枪很少。小源的胡秀身材矮小，戴眼镜。

红十三军军部驻扎表山时，郑冠生发动表山各房祠堂众的代表，为胡公冕部属解决食宿问题。贫穷人家由各房祠堂众提供大米和菜钱，烧好饭菜提供给红军吃。富裕家庭自行提供大米，每户派饭4桌。在四周山岭头放哨的士兵由供应户送到哨地给红军吃。郑冠生家里成为红军的大食堂。

郑冠生（1865—1935.10.28），字九旺，号子冤，徐定超门生、清县学生员。以经营林业、种植中药材为业，号称楠溪首富，在表山和温州城里共有10

多座房产。芙蓉陈叔平《大封翁冠生郑老先生七旬荣寿序》："惟勤于学书，寒暑未尝稍间，数十年如一日也。徐定超为御史时，知其贤，劝赴京师，先生不之从。旋复促其从张謇游，亦不之听。民国元年（1912），徐为温属临时都督，复聘先生为财政部员，亦屡征不起。民国己巳（1929），浙江高等法院院长殷汝熊，平之昔年法政学校教师也，慕先生名，嘱平促其作西湖游，借亲芝范先生，亦不之理。盖先生林泉自娱，深得大隐之趣，已非一日矣。……至于办学校，建宗祠，整顿乡村，纪纲家政，此乃先生之余事耳。"①实际上，郑冠生身为长子，兄弟四人，父亲早亡，需要他居家支撑门户。谢文锦同父异母姐（1879—？）配表山郑九芳（挹秀、藩侯，1880—1930），即郑冠生四弟。

表山有人参加国民党的部队，也有参加红军部队。参加红军有四五十人，领导头目是郑金生，中队长是表山溪龙坑的郑继楣。1930年5月9日，红十三军司务长表山郑九克在枫林保全岳父的住房谦益堂免遭不法分子烧毁。后来，他在谦益堂西邻瑞堂房徐贤生宅院内，管理收集枫林火药工作，不意火药失火，葬身火海，被烧后只剩下一个胃。郑九兜在石匣一带被打死。

经过郑冠生为首的表山地方绅士的努力周旋，红军与省防军之间彼此进退，轮换驻扎表山，没有把表山当做战场。省防军一旦过来，郑冠生就劝老雷退兵，不要把表山作为战场。省防军离开表山，红军就过来住几天。民国十九年（1930）春天的一天上午9时，老雷的兵100多人过来，表山民团持枪准备作战，老雷的士兵在山上不敢下来。地方老人劝阻民团不要开枪离开表山，然后到栲基岭（村东通往苍山溪口方向）将老雷的士兵领进村里。

5月15日，胡公冕率领红十三军离开表山，向青田县进发，准备攻打

---

① 民国丙子重修《表山郑氏宗谱》雁行卷。

瑞安、平阳等地。

5月24日，郑卿坚的堂叔父郑江东参加红军，从平阳战斗后逃回来，夜里在平阳渡口过渡时，在船里恰好碰到在省防军当兵的表山人郑庆浪，两人相视一笑，彼此不说话，心领神会。

郑卿顿回忆，他的祖父郑继恒的得意门生谢文锦常来表山和郑恻尘一起传播革命思想，所以这里的群众基础很好。红十三军主力部队常过来驻扎整训，每次都得到群众的热情招待。此外，表山当地的大宗众、殿众、存众、放箭众（景槛纪念祠堂）、三房众（景槛第三子定武纪念祠堂）等集体组织纷纷砍伐众里的树木换钱，给雷高升补充军事经费。郑卿坚回忆，红军驻扎表山时，他还在表山小学读书，那时的场面真够热闹。雷高升的兵经常过来，深受群众欢迎，每家每户都办两桌以上的饭菜招待红军战士。这在正闹灾荒，粮食稀缺的时候，是很难得的。老雷在缙云打胜仗后回到表山，给每个士兵分发一个被火烧过的"勿响板"银圆。①

---

① 《郑卿坚等人回忆红军事件》，2001年4月5日；《徐定超与浙南革命群体》，线装书局，2019年12月，第345、346页。

回忆红十三军

◎ 周丕振口述
◎ 徐逸龙记录

时间：2001 年 6 月 13 日，星期三，雨。

地点：杭州市灵隐路解放军 117 干休所。

访谈人物：周丕振，时年 84 岁。

同行人：张燕征、李建国、章一科、潘祝平

我出生在乐清泽基南充地方，13 岁那年（1930），红十三军先后两次经过我的家乡泽基。第一次，红十三军经过泽基到乐清芙蓉攻打盐官，因为当时盐官收税很厉害，引起民愤很大。他们回来时，我亲眼看到他们穿着整齐的衣服。第二次，红十三军住在我们村附近，曾借去我家的棉被、饭掌等物品，用毕全部送回。这次，我是听人说的。当时，我们村里有一个人是黄埔三期毕业生，在福建当团长，回乡被抓关在虹桥小学，结果是小学校长提供方便，给群众放掉，让那团长逃走。

我同红十三军军长胡公冕结识的事很偶然。那是1953年国庆节，我当时任华东军区的副部长，从安徽到北京去参加国庆大典。当时，我在天安门楼上，忽然身后有一个说着夹有永嘉口音的普通话，就转身询问他是哪里人。那人说自己叫胡公冕，是永嘉五漈人，原来是浙南红十三军军长，现在任国务院的参事，家住在西子门的国务院宿舍。后来，我每次到北京，都到他家去玩，而胡公冕就给我说起当年红十三军的事。自从"八一"南昌起义后，永嘉民风强悍，民间枪支多，中央就派他到浙南组织红十三军。他的部队先后打过处州、平阳、缙云等地的战役。

1936年春，我首次到五漈乡，那时被国民党部队烧掉的祠堂已盖好，其余的房子还没有建好。当时遇到胡卜熊先生，他对诗书很精通，对我很热情，因为五漈胡姓和我们周姓是谊族，历史上不通婚。那时，我们几个朋友一起商量，在温州请老师教自己读书，枫林夏直臣先生给我们教《古文观止》。后来，我到永嘉建立游击队，因为这里是红十三军烈士的故乡，就好像到了自己家里一样，感情就是不一样，很亲切的。凡是我们活动过的地方，过去都有人参加红十三军，凡是有人参加红十三军的地方都有我们的人。如在隘门岭中牺牲的红十三军烈士周明存的村里，有好几个人参加我们的部队。我问他们："你自己要吃什么，穿什么？"他们都说"什么都不要紧，心里只想推翻国民党的统治，把地主恶霸打倒，让老区烈士恢复名誉，不再背黑锅。"我给胡公冕介绍自己在永嘉组织浙南游击队的情况后，受到胡公冕的表扬。他说："我们是从黄埔军校出来的，在部队里还没有建立党组织，你们却在部队里建立了党组织，真不简单。"

1979年，我第一次到泽基探望，当时老区百姓生活还很艰苦，但老百姓很热情，放鞭炮欢迎我们，拿出草荐给我们铺设床铺，问长问短。我也多次到枫林的祠堂里，看看当年战斗时留下的弹孔，看看打仗时支持我们的支部书记和群众，说说过去的故事。有一次，我听到枫林一位老同志说，"大山底五雷坟（本属枫林镇里龙村，后属东皋乡蓬溪村）徐定炉妻子金春珠捎口信过来，如果周丕振过来，要告诉她"。1995年6月，我到枫林时，金春珠已从五雷坟迁到枫林地方了，我去看她时，她的眼睛已看不见东西了。原来，当年我的部队到她家时，她叫我们一定不要住进她家，否则，她的房子就会给国民党烧掉的。他们家里人在附近山上给我们搭了一个棚子住下，又送东西给我们吃。这一次，我又去枫林御史祠堂看了，当年战斗时留下的弹孔还在，我们夫妻俩还在那里留了影，题了"当年旧弹洞，装点此关山"。

当年，曹集云首先到枫林清乡，西坑、梅坦、岭头等地的斗争很激烈，枫林的徐顺圣就在这个阶段牺牲的。我们南充地方都姓周，祖上从永嘉楠溪迁过来。当时，国民党部队还通过宗族关系，派周仲波过来劝说我的父亲，要我下山。

1980年，我从安徽调到浙江来，温州和永嘉的党史部门都在调查红十三军的事，确认红十三军不是山贼。此后，我参加有关红十三军的活动机会多了起来。1983年，龙跃来温州，说起粟裕生前要他在金华建立一座红军挺进师纪念碑的遗嘱。张文碧提出红军挺进师纪念碑应建在温州，准备落实平阳或设在江心屿为好。恰在这时，易丁和彭猗兰将胡公冕的骨灰送到温州来，易丁原拟将胡公冕骨灰安放在翠微山公墓。我提出应将胡公冕骨灰放在江心屿，同时建一座红十三军纪念碑，同红军挺进师纪念碑在一起。当时龙跃反对将红十三军纪念碑建立在江心屿，说"红十三军在永嘉，不在温州"。我劝龙跃说："当时的永嘉就是现在的温州，而挺进师都在平阳，远离温州。挺进师纪念碑建在江心屿，红十三军纪念碑更要建在这里了。"经过我解释之后，龙跃才同意将红十三军纪念碑和挺进师纪念碑建在一起，选址江心屿。1935年12月，瓦窑堡会议之后，当时有浙南、闽南、闽西、闽北、闽东等 14 个革命根据地，到 1951 年，福鼎也还属于浙南。到了 1988 年，经我和许多老同志积极努力推荐，经民政部审批，永嘉成为浙江省第一批 31 个革命老根据地县之一，每年得到 800 万元的扶助金。

附注：

徐贤潘、徐贤浪于 1942 年入党，徐金亭、徐贤满于 1944 年入党，徐顺友于 1947 年入党。1948 年下半年天气转凉时，周丕振先后两次带兵驻里龙，指挥部驻里龙保长徐岩如（2001 年时任村支书的徐贤明之父）家楼上。其中一次，周丕振带兵 100 多人开往白蜡头（今属龙湾潭森林公园），另一次开往鹤盛乡的小嘉兰。

《夏鼐日记》中的《永嘉县志》和其他文献

◎ 张声和

　　夏鼐，字作铭，温州人。他是新中国考古工作的主要指导者和组织者，对中国考古学的全面发展做出了卓越的贡献。日记中，记载了对《永嘉县志》大量考证与研究的文字，仅以夏鼐日记（卷四 1946—1952）为例，就有上百条对《永嘉县志》阅读的记述，时而作出校对的勘误，并发表了自己的见解。《夏鼐日记》大量记载了对温州文献的阅读与研究的史料，下笔时饱含着对家乡文化的深情。如阅读了《东瓯金石志》《瓯海轶闻》等，结合现场的考查，订正了志书中的遗漏或记述不当。又对温州先贤陈傅良、叶适的著作研读最勤，并边读边校注。这些难得的史料，纵然是枝枝叶叶散记于日记之中，亦具较强的学术参考价值。

　　《夏鼐日记》共有 10 辑，第 4 辑日记主要记载了如下几个阶段，一是夏鼐先生从西北考察结束后返乡日记（1946.4—11）；二是复员回南京后三次返乡日记（1947.1—2，5—6；1948.1—3）；三是脱离中研院家居期间日记（1948.12—1949.9）；四是在浙江大学执教及其间返乡日记（1949.10—1950.9）；五是由北京返乡接眷期间日记（1952.9—12）。

笔者以时间为序，对日记中《永嘉县志》和有关温州文献的记述，作些浅显的释读。

回乡半年 时间多为史志磨

夏鼐先生于 1946 年 4 月 6 日到温州，正是抗战胜利之后不久，日记中的文字也带有喜气与祥和的气氛。一路上车船互换，最后从温州港上岸回家，日记中写道：

晨间风停，船始继续开行，乘客如庆更生。近瓯江口时已过午，潮水已由涨而退，幸有领江，取道北港，至东门外宝华轮船码头靠岸，已下午 5 时许。乃呼车返家，见及母亲，较前更为衰老，述及父亲病故情形，老泪纵横，余亦啜泣。家人闻余返，皆至母亲房中相会。锄非现住余家楼上，由校中返，亦来相晤。瑶琴侄女现亦住余家中。晚间仍在母亲房中闲谈。

回温州后，即开始访亲友，阅读大量的乡贤之书，日记里多处记述了读陈傅良的《止斋文集》。从 5 月 7 日开始阅读校注叶适的《水心文集》，几乎是每天一至二卷，至 5 月 18 日，已经阅至 23 卷。

1946 年 5 月 19 日，有一段长长的日记，记述了仙岩之游：

与测候站吴干城主任，及有光堂谢君，赴仙岩游览。晨间赴三牌坊气象测候所晤及吴干城主任及谢君，遂同赴小南门搭乘河轮，经梧埏帆游（帆游有永瑞亭，为两县交界处）塘口至霞林，过静安桥后登岸，遥望山侧，一塔巍然，即仙岩寺之净光塔也。岸侧为瑞安县属之河口塘小镇，河之西南一村即为霞林。河口塘有饭店二处，杂货店数处。越田畴约行2里许，至一小村，有一牌坊，上刻"溪山第一"，为康熙四十一年所建。其内为华光寺，适有庙会，有弹词。又行数百步，为仙岩禅寺，寺中有一池，池侧一亭，立数碑，最早者为至元四年《重修仙岩塔记》（释廷俊撰），见《东瓯金石志》卷十一；又有民国十二年沈致坚《重修仙岩观瀑亭记》，民国二十五年项骧《仙岩佛陀池碑记》，康熙九年及民国四年《保护名迹县府告示碑》，又癸未年（民国三十二年）余绍宋《游仙岩观梅雨瀑有作诗碑》一方。庙为近代重建，规模颇雄伟，方丈出迎，用茶点，又命预备素筵，余等座谈片刻，留茶钱而行，不敢用膳，惧被和尚敲竹杠也。庙西厢有流米岩，相传建寺时有圣僧使岩流米，以供工匠，现仍留一洞痕，旁刻"流米岩"三字。寺东石径，拾级而登山，先至梅雨潭，潭前有观音洞，民国甲戌王震书。

仙岩景区历史长，名人到过多，摩崖石刻也就多，其中一刻为宋淳熙间郡守沈枢所题，其文在《东瓯金石志》卷八中已经有记载，夏鼐对这一块的题刻比较重视，回家后对此作了录入：

淳熙丙午十一月二十日郡守沈枢持要同倅周价德藩，率两邑令丞陈孔光德溥、刘龟从伯协、王长世庆延、叶广文文卿视修南塘，饭于仙岩，因观梅雨潭，张仲梓才卿、甄良友云卿、谢霅季泽、谢天赐元功、陈傅良君举、林恩纯致约、高子莫执中、沈季丰俭夫偕来，枢系之以诗：莫讶多幽胜，仙岩旧得名，五潭俱卓绝，三井更澄清，饮客欣同集，摩崖记此行，登临有余兴，恍若在蓬瀛。

《东瓯金石志》卷四，对梅雨潭多处题名也有录入，夏鼐认真地抄录下来：

（1）"同游记/赵景仁/李公秉"在潭前巨岩之阴，黄概题名之左。（公秉名钧，元丰中知温州。景仁名玑，通判温州。）（2）"黄概 宣

和 / 孙概　同游"在潭前巨石之阴。（3）"开戒坛　乾元寺僧恩惠到此，皇宋元祐癸酉六月"。（4）"高彦芳补刘方干诗跋"在潭外二三百步面西大石屏上，12行。

龙须潭前巨石上有石刻两行："僧处元来，彭城执中同"处元宋沙门，永嘉人；执中疑即刘彝，《宋史》有传，福州人，治平间曾通判温州，刘氏望出彭城，以乡贯及字代姓名，宋人题名自有此例也（《东瓯金石志》卷四）。

仙岩圣寿禅寺有铜钟，高七尺三寸七分，下口圈一丈四尺六分，为元至顺庚午所造（《东瓯金石志》卷十一）。

夏鼐为此还加了按语，内容是对题刻中的有关人物与相关历史文献作出解读：

淳熙丙午即淳熙十三年，《止斋文集》卷三十九有《温州重修南塘记》，淳熙十四年三月记。《记》内云：自冬十月至今三月而塘成，郡守沈持要名枢，吴兴人，陈孔光为永嘉知县，王长世为永嘉县丞，刘、叶则为瑞安之令丞。《止斋文集》卷五有观南塘四首呈沈守，当为此时前后之作。高子莫执中即叶水心之岳父。谢季泽永嘉人，（《攻媿集》109有其墓志）著有《正事韵类》，止斋曾序之（卷四十页八）。张中梓永嘉人，张阐之子，曾知复州，楼钥铭其墓。沈季丰俭夫，瑞安人，躬行从孙，父名大廉字无简。又有"通源胜境"四字，上题皇宋癸巳六年，开元寺僧□惠书，明嘉靖年及同治年石刻，民国间姚琮及刘景晨题。

如下文字，也是游览所记，文字朴素，也有深情：

坐潭旁小憩，飞瀑溅泻，状至可观，又上行至观瀑亭小坐。越小径，至雷响潭，一桥卧空，下临深潭，试投以石，其声如雷。其旁有雷亭，坐亭上可以上观龙须潭之瀑布。稍憩后，鼓勇上登，至龙须潭侧之龙须亭小坐。然后下山，至仙岩寺西之陈公祠小坐，寺中有万历十三年王叔果撰"重修陈文节公祠碑记"及民国十三年刘次饶撰重修碑记。时天有雨意，乃急返镇。用膳后，乘汽轮返城。

夏鼐先生在温州的安排很紧凑，如20日这一天，就是仙岩回来第二天，日记中所述，将家事与公事堆在了一起：

上午赴温州中学讲演西北考察经过。阅《水心文集》卷二十四。在母房中与大兄及大姐商谈分家各房搭配办法，母亲拟后日邀亢甫堂兄来抄缮。

1946年6月3日开始，夏鼐先生读《永嘉县志》和《瓯海轶闻》。在温州以下的时间，有空闲时，总是捧着这几本书在读。这种"读"是很累的，是要花心思的，因为校注和考证是并行的：

6月3日 星期一，上午仍下雨，阅《永嘉县志》。下午雨霁，往访叶昌荫君，又至煜光处一谈，访沈炼之君未遇，至籀园阅报。

6月4日 星期二，上午至籀园还书，借得《瓯海轶闻》。下午在家阅读二卷。

6月5日 星期三，阅《瓯海轶闻》卷三及卷四。下午与锄非去定酒席，至沈炼之君处闲谈，并邀其后日叙宴。

6月6日 星期四，阅王明《参同契考证》及《瓯海轶闻》卷五。下午至叶啸谷及徐希焘处，邀其明日午宴。

6月25日，夏鼐先生在阅毕《瓯海轶闻》之后，取《永嘉县志》以互勘，补正《县志》颇多。如下是他指出的误抄之处：

如卷二十一，据《畿辅通志》卷七十《名臣传》所录之"育德崇尚理学"一条，实系育德弟旸谷之事，当由"果""杲"二字形近致讹。"叔果（育德）"系嘉靖庚戌进士，未至大名府。"叔杲"则系壬戌进士，曾出守大名，修天雄书院（此或由于《畿辅通志》误刊杲为果，琴西先生抄录时未加修正，遂编入叔果事迹中）。又有未加考证处，如卷四十二引《水心集》卷八"送朱相士"，知朱相士为平阳朱黼之族孙，而"不知何名"。（鼐按：朱相士名子文，戴栩《浣川集》卷三，有七绝二首题"赠朱子文"，即和水心此诗也。刊刻讹字亦颇多。）

7月1日，有条目："阅《永嘉县志》。晚间至梅冷生馆长处小坐。梅馆长以经费支绌，颇为消极，拟辞去不干。"7月4日，"在家中作《永嘉金石目》，即根据县志者，为检索方便计也"。7月14日，"下午至籀园阅书，晤及潘国存君，借得孙琴西校本《止斋集》一部。返家后，阅《永嘉县志》卷四"。7月23日"阅《永嘉县志》卷四"。7月24日"阅《永嘉县志》卷五"。这些条目在日记中占了大部分，可见夏鼐先生大部分时间只用于书事，且是地方史志之书。至7月21日，夏鼐已经阅读到《永嘉县志》第10卷。那时的书比较少，阅读中发现珍贵史料处，就摘抄下来供后来使用，如8月4日有记："上午赴籀园借书。午间摆完工酒，请水、木、石工匠。下午摘录孙仲容《温州古甓记》。"

杜审言题刻与翠微洞考证

夏鼐在阅读《永嘉县志》中，也持"察之"态度。清代方志学家章学诚对待史志事及文物考证，有科学严谨的态度，他在《文史通义·文德》引用了韩愈的"迎而拒之，平心察之"的理论，主张对待古代文辞，要迎面拒绝，又要静心去思考。柳宗元也有此之说，不以轻率随便的态度掉弄文章，不以怠惰的心情去轻视文章，不以矜气神情去做文章，不以昏暮精神去发表文章。夏鼐在阅读史志资料时，就有严格考证精神。

如1946年8月11日条目："阅《永嘉县志》卷二十一及二十二，参阅《东瓯金石志》。《金石志》卷二有唐杜审言大龙湫题名'杜审言来'，梁章钜即已致疑，谓：雁山晚开，五代以前除张又新、吴畦、僧贯休外，并无题咏，而杜审言，系初唐人，何以已有龙湫题名。（《雁荡诗话》）按此题名，始载于明人王献芝游记，清初人李鎏宣及朱士彦亦皆提及，戴咸弼于光绪二年往游，谓'审言来'三字尚完，杜字残缺，仅存其半，此字则已漫灭，楷书平列，径一尺二寸。（鼐按：宋人李复圭字审言，庆历进士，在雁山有题名二：一为'李复圭来'，径二寸余，在龙鼻洞左壁，一为'行部来，李审言'，在大龙湫潭旁巨石上，径五寸五分，则'杜审言来'书为'李审言来'之误。至雁荡时当细审之）。"

杜审言是唐代大诗人杜甫的祖父，是唐代"近体诗"的奠基人之一。名望如此之高的人物，在雁荡山留题，是了不起的事。一般来说，只要人云亦云，此事就是完美。可夏鼐参阅了孙诒让的《东瓯金石志》和梁章钜的《浪迹续谈》，最后认定"杜审言"乃"李审言"之误。

又如 8 月 10 日阅《永嘉县志》卷十八及十九、二十，发现古代方志有通病，即节妇之名记录太多，夏鼐指出，"后二卷系《烈女传》，节妇之名甚多，而无事实可记，方志之通弊也"。

2022 年 12 月 11 日，温州历史学会在瑞安召开年会，其间参观了汀田的翠阴洞。此洞在金后村岑岐山东麓。洞高约 3 米，宽底部约 6 米，进深约 30 米。虽已经有 100 多年历史，但摩崖字迹尚清楚辨认。夏鼐曾在 1946 年 8 月 13 日条目中记载了翠阴洞，他没到过此地，是阅读《东瓯金石志》卷五、六、七，如实载录了洞中所载宋人题名题刻：

瑞安岑岐山翠阴洞有 13 种之多（按实共 15 种）。山在瑞安东北二十里，为永瑞水陆通衢，泊舟塘岸数十武（步）即宝坛院，院后即翠阴洞，有暇当往访之。

（1）元丰初九月中旬因检按到尉　柳子春题

（2）翠阴洞　辛酉季夏中澣日从履常公济游此　公材题

（3）赵景仁、朱履常、林介夫元丰五年五月初一日同游

（4）翠阴洞　赵景仁游

（5）洞门乔木昼阴阴，洞穴嵌空透碧岑，偶约骚人同此乐，摇毫静坐获情吟。赵景仁题

（6）邑令盛居先游 元丰癸亥中秋

（7）赵景崇、彦升、彦章、彦昭丙寅季冬邀张师仪游此试茶

（8）己巳游 鲍海翁、林介夫

（9）邑尉何文正公院捡估曾宿此一宵，时元祐四年六月十四日，写记岁月

（10）李仲诚游，熙志侍行，元祐四年八月十一日

（11）辛未末伏后两日，履常遇介夫来岑，同游翠阴洞，成短诗：小洞隐遥岑，松萝翠复阴。游人曾到不，方信白云深，□□和□□，松桂摧危岑，烟云昼亦阴，洞门虽不锁，谁测洞中深

（12）神剜洞 大观初祀二月癸亥书

（13）陈叔兴、赵允承、鲁仲、吴择善、徐致一、沈元简、宋廷佐，绍兴戊辰十月八日游

（14）周及善、林宗易、沈仲一、宋叔久、林自牧、林宗大、沈仲石、赵文甫，庆元三年九月四日同君举游，章绂刊

（15）戊午 瑞庆节于神剜洞会沈四五丈，谢大成、周及善、林宗易、沈仲一、徐蕴之、林自牧、林宗大、沈仲硕、有缙云叶正初，永康夒叔同集，止斋君举题名，王伯荣刊

此文的第十一条，《东瓯金石志》或夏鼐先生抄录有误，石刻上的诗应是两首，第一首诗题目为"岑崎山"，诗作者为朱素，字履常，宣城（今安徽宣州）人。神宗熙宁间进士（清康熙《江南通志》卷三〇）。元丰二年（一〇七九）知瑞安县。（清嘉庆《瑞安县志》卷六）"□□和□□"，这5个字应是第二首诗题，或认为是"次韵和履常"，第二首诗作者为同游者林石（1004—1101），宋温州瑞安人，字介夫。从管师常受《春秋》。父丧，

庐墓三年。母一百十九岁卒，石年九十余，白首执丧，不逾礼节。时新学盛行，石独以《春秋》教授乡里，学者称塘奥先生。有《三游集》。林石是永嘉学派奠基人物，是温州北宋"皇祐三先生"（王开祖、林石和丁昌期）之一，他们率先在家乡创办书院，设帐讲学，传播中原文化，才使得温州学术蔚起，对后来永嘉学派的形成，产生了深远的影响。

笔者查取朱素和林石的诗稿，抄录如下两首诗：

小洞隐遥岑，松萝翠复阴。游人曾到不，方信白云深。（朱素《岑岐山》）

松桂擢危岑，烟云昼亦阴。洞门虽不锁，谁测洞中深。（林石《次韵和履常》）

夏鼐于8月17日阅叶永蓁《小小十年》后，8月18日写下一段较长的日记，有文史价值。因为《小小十年》序言为鲁迅所写，也是鲁迅唯一为温州作家作的序言，小说作者叶永蓁又是夏鼐同学，小说中的人物原型多为真实人物，夏鼐在此段日记中有所披露：

阅毕叶永蓁《小小十年》，著者为小学时同学之乐清叶蓁，虽以小说体裁，实即其自传。女主角茵茵即郑生记之郑永英女士，现已徐娘半老，而风韵犹存，现任永嘉妇女协会主席，自嫁赵璧（即书中之赵泌）后，生男育女，成为贤妻良母，赵泌营商发财，亦能尽做丈夫与父亲之义务。小学胖主任，"笑起来，眼睛眯眯地找不到缝，很喜欢用同乡，把自己的同乡都带来做号房。"即瑞安蔡慎铨氏。其要好之同学，如沙如薰（即沙树勋）、张刚毅（即张光业）、王超迷（即王兆嵋），皆实有其人。广州所遇及之陈莎侬即陈素农，前年曾升至军长，湘军之役失败后降为参谋。胡健耕即胡长庚，现在永嘉行医。中学同学之李霖系平阳人。元白、尚英皆姓黄，乐清人。元白以共党关系逃亡至北平，即客死北平。（P.78）作者离弃之"妻"淑兰女士，曾至北平读书，住温州会馆，与一男同乡闹恋爱，但不知后来结果。聊书数语，以便数百年后有人欲考据此书中之本事者，或可稍有依据。

1946 年 11 月 15 日，夏鼐结束了半年多的温州省亲起程回上海。11 月 13 日的日记中记道："上午至籀园还书。至海关晤及叶焜君，托购船票。至刘景晨先生处辞行，知子植君已携眷赴广州中山大学。中午叶君送来船票，房舱一张计 33500 元。午后邀黄云畴君同至公园饭店胡冠君处，光华校友照团体照相。除昨日各位外，尚有黄云畴君及玉环县长姚君。照相后，与杨学德同赴清明化工厂，晤及蔡孔耀君。出来后至温中晤及金嵘轩校长及陈铎民先生。"夏鼐这一条 100 多字的日记，给我们留下了诸多信息：籀园还书、海关叶焜、托购船票、子植赴中山大学、房舱票价、公园饭店、光华校友团体照、玉环县长姚君、清明化工厂、杨学德（杨玉生子）、蔡孔耀、金嵘轩、陈铎民等。

温州民国时没有修过市志，时局与社会上发生事，均要靠报纸杂志与日记来佐证，《夏鼐日记》很大程度上就弥补了这个时期温州史料的空缺。

新旧社会交替时 读书考证仍继续

1948 年 12 月至 1949 年 9 月，是夏鼐从中研院到浙大过渡的时段，他在家整整有 9 年个月时间的休整。这是新旧社会交替的时段，日记记载了大量的市井生活、市民情绪等。但温州对于解放军进城及新旧交替的反映不是强烈的，无动荡的记录。如 1949 年 5 月 2 日，离解放军进温州只有 5 天，《夏鼐日记》中还记录着野外考察事，说明温州此时还是相对平和的：

上午持《永嘉县志·金石志》，前往东门一带调查。横井巷之井栏上"至元庚寅"题字，康乐坊底大井"成化二十一年"题字，皆仍保存。东门禹王庙前之石塔，则已于民国初元毁于火（享殿后于民国九年及三十六年两次被焚），现改建私立治平小学。据校长缪文光君云，残石已改作础盘，今在礼堂南侧柱下。返家途经金锁匙巷，见叶文定（叶适）公祠已改为民房，将石制之匾额及对联，皆以白垩填塞之，使与墙平，已不显字痕矣。返家后，又有部队拟占住自家，与之交涉，仅徐副官一人，与昨日住进之林军需同住。下午赴开元寺，调查建炎二年铜钟，据方丈云，于抗战初起时，为地方当局移往丽水保存，其后即无消息，惜哉。

5月3日，夏鼐赴籀园图书馆，校对新由县学移置之"元代柳贯撰书之重修县学碑"：

此碑《东瓯金石志》亦收入，孙仲容氏按语谓：校以柳氏文集"又三年"脱"又"字，"令赵君"脱"令"字，"笃于自修"作"笃行自修"，然原碑皆未误，盖抄碑者之误，孙氏未能就原碑校之，可谓失之睫眉矣。又至张氏巷校《慕恩亭记》，《县志》所录颇多误字。又至张氏家庙，校对《谕敕碑》及《圣制诗碑》等。

1949年5月6日日记开始记载解放军进城与温州迎来和平解放的日子。5月8日以后，籀园图书馆亦开放，夏鼐如同往常一样继续他的读书、考证、写作。

5月6日：闻共军今晚进城。据云，叶芳曾召地绅杨雨农、王纯侯、谷寅侯等个别谈话，或有劝阻维持会之意欤！又闻叶芳曾派王思本、吴兆瑛、卓利文三人与共军取得联络。

5月8日：余赴籀园阅书，遇及潘国存君，馆中开放阅览如常。

5月16日：今日又开始写《甘肃考古漫记》。下午赴籀园，晤及潘国存君。闻籀园将有人接受，梅馆长嘱早编书目，以便移交。

5月20日：上午赴籀园阅书。晚间有飞机盘旋市空颇久。阅《早期人类》。

5月21日：上午赴籀园阅书。下午至永嘉中学，晤及张一纯君，同出至墨池坊，访瓯隐园（即明玉介园）遗址。

5月22日：上午王则诚君来谈，续写《甘肃考古漫记》。下午浙南游击队龙跃司令进城，各界举行盛大欢迎会。

5月28日：继续写作《甘肃考古漫记》。下午单次刚君来谈。今日起读《周易》（王弼注），预备以一星期的工夫读毕。同时阅读叶适《习学记言·序目》中关于《易经》的几卷。天气炎热，下午和晚间大雨。

读《夏鼐日记》是我饶有兴趣之事，我将此当做史志工作者的必修课。接受永嘉政协文史委吴凤菇同志约稿后，我花了近一个月时间，摘录了《夏鼐日记》中关于清光绪《永嘉县志》一些条目和相关的资料，借以说明"地近则易核，时近则迹真"的作用。

清光绪《永嘉县志》标点本，由永嘉县志办组织人员进行整理于2010年出版。梁启超曾列举100部方志是经名儒精心修撰，清光绪《永嘉县志》赫然列于其中，这是由于王棻、戴咸弼、孙诒让等鸿儒参与此志编纂，出手不凡，高人一筹，值得史志工作者作为工具书来参阅。

我认为，永嘉县建县已有1800多年，汉顺帝永和三年（138）始建永宁县（即永嘉县前身），隋开皇九年（589）改称永嘉县。尽管永嘉县行政管辖区域随着时代变迁而发生了变动，但今永嘉县沿袭旧永嘉县的县名，中国地名文化遗产保护工程重点项目将永嘉县列入千年古县之列。永嘉史志工作者近年来整理出版的大量史志书籍，实为承继"旧永嘉"学术，是嘉惠当今学林之举。今撷取《夏鼐日记》中有关《永嘉县志》与文献的资料，也有此初衷。借此对夏鼐先生的勤勉治学态度表示敬意。

蒋介石侍卫官南晓村

◎ 南航

　　南晓村（1911—1997），"台北国史馆"档案载其"民四年"出生，即另说1915年生，谱名光珪、光圭，别号醒华，以号行，永嘉县上塘镇霞堡村（今南城街道霞堡社区）人。其上辈为乐清黄华南宅人，至明末第十五世祖南宗应（号美之）迁居霞堡。据1949年重修《霞堡南氏房谱》，其曾祖父南元益，名新益，字瑞寿，祖父南应治，字万盛，号茂斋，其父南德煦，号阿星。按南宅辈分排行字"嗣元应德光，常存君子道"，他是南宅南氏第二十四世。

　　1936年，面对国家多难，南晓村立志从戎报效，离开家乡，远赴南京，考入著名的中央陆军军官学校（黄埔军校）第十三期步科，1938年毕业（时因抗日战争爆发，校址已迁至四川）。此后，他历任黄埔军校第15期步兵第二大队第六队中尉区队长、第 16 期第三大队第八队中尉区队长、第十八期上尉副队长，军事委员会警卫团上尉连长，1943 年任少校连长、第二营副营长，并服务于委员长侍从室，在侍卫长俞济时领导下，警卫蒋介石在四川重庆黄山官邸的安全。

大约在 1943 年，南晓村与营长王瑞钟、副营长应人等严守纪律，拒绝从赣南远道而来的蒋经国谒见其父，惹出一场风波。

当时警卫中有叶邦宗，台州天台人，1940 年报考黄埔军校时，南晓村、应人作为带队官，带领他在内的 200 名军校新生，从江西上饶出发，徒步半年，行程万里，历经艰难病苦，烽火中辗转到成都报到。叶邦宗后亦为蒋介石侍卫长，著有《蒋介石侍卫长回忆录》（团结出版社 2012 年 1 月版）记载：

"抗日战争期间，蒋经国千里迢迢从赣南到重庆求见父亲蒋介石，却被官邸外的警卫团营长王瑞钟以未奉命令而拒绝，气得蒋经国大吼大叫。而蒋纬国却能在蒋介石和宋美龄身边通行无阻。

蒋介石的重庆黄山官邸的门禁森严，除了孔祥熙和戴笠可以自由出入，不受检查，其他任何人，包括宋子文在内，进入官邸都必须由侍卫长预先通知内外警卫，到了内警卫处，除了孔祥熙和戴笠不必搜身检查之外，就连宋子文也免不了被搜身和检查。

蒋纬国之所以在外警卫随意来去，是因为外警卫已接到俞济时的命令，而且时间久了，我们都认得蒋纬国，所以连盘问的过程都免了。但他到了内警卫，还是免不了被搜身检查。当时我们没接到俞济时的通知，警卫团的营长王瑞钟、副营长南晓村、应人统统不知道'太子'要来，蒋经国阴差阳错被'下人'羞辱了一顿，怎会不牢记在心？"

此故事虽是一场误会，却也展现了身处烽火战乱年代，南晓村等人忠于职守，不畏权势，哪怕影响今后仕途的秉性。南晓村后升任副团长，

1949年去台，任《民族晚报》主任。据南氏宗谱记载以及笔者走访霞堡其子南茂松回忆，他作为蒋介石身边警卫与亲信、浙江同乡，最终官至国民革命军第六十师副师长。

身在台湾，他与温州南氏族人常有联络，如著名国学家南怀瑾。两人都抱持着团结同姓、增进友谊、携手互助的思想。1981年，南怀瑾借东西精华协会大礼堂，举行首届旅台南氏宗亲春节祭祖大典，128位南氏宗亲与会，济济一堂。1984年2月，在南晓村等发起下，南怀瑾成立台北县南氏宗亲会，10月，南怀瑾与南晓村等编撰《旅台南氏家族纪要》，由台湾老古文化事业公司出版，为"南氏谱系资料丛书"之一。该书设立整理委员会，以南怀瑾为荣誉会长，南晓村为主任委员，南汝鄂、南维岳、南子田、南克发等为委员。《纪要》详尽刊列了南氏分省昭穆世系表，总共有浙江、江苏、河北、台湾、山东、湖北、安徽、河南、江西、云南、吉林等十一省，另外还有韩国汉城（首尔）、忠清南道旅台的一支。编纂法属于以地望为单位记录本族世系的"大族谱"类，以示不忘本。

身为军人，南晓村爱好家乡历史文化，多次为台北市温州同乡会出版《温州会刊》而捐资，前后达到上万元新台币。据《温州会刊》捐款名单，南晓村历年捐款为1988年5月2000元，1988年10月1000元，1992年1000元，1994年2000元，1995年3000元，1997年3000元，1998年3000元。

因心系故土，20世纪80年代两岸通航后，南晓村多次回乡，并在温州市区大南门开太大厦买房居住。民国时期，其同村族人、温州三青团永嘉分团书记、永嘉县海防通讯社社长南方俊曾扩建霞堡南氏宗祠，创办霞堡小学。南晓村身有宽裕，同样不忘扶持地方事务，再次发起集资重建霞堡南氏宗祠。

南晓村还精于隶书，会联语。上塘有一座著名的民间神庙孝佑宫，历史悠久，祭祀唐代卢氏、丁氏两位孝女，明《弘治温州府志·列女》《嘉靖温州府志·列女》记载其事迹曰："【唐】卢氏女，永嘉人，居卢奥，虎将噬其母，急就代死，后有人见其跨虎而行，立祠永宁乡上塘，宋理宗朝封曰孝佑（夫人）。丁氏女，永嘉人，居象浦，至孝，及笄不嫁，日纺绩，夜钓鱼，以给母衣食，一夕遇暴风甚雨，溪涨溺死，乡人立祠浦傍，以旌异之。"元代著名散曲家张可久漫游至温，感慨有作【中吕·朝天子】《读永嘉孝女丁氏卢氏传为赋》："丁氏捕鱼，卢娘跨虎，千古伤心处。事亲尽孝死何如？庙貌临江渚。男子狂图，不养父母，反不如之二女。掩书，叹吁，归守先人墓。"

孝佑宫现为永嘉县文保单位，又名上塘殿。南晓村1992年回乡时为该处题匾"孝感动天"，并撰书联语"骑虎归踪留圣迹；舍身救母感皇天"，联文契合孝女故事，至今刻挂于其侧门。

读书人项楚

项楚 秦颖摄

◎ 杜羽

　　项楚，浙江永嘉人，1940 年出生于湖北老河口。敦煌学家、文献学家、语言学家、文学史家，四川大学杰出教授、国家古籍整理出版规划领导小组成员。1962 年本科毕业于南开大学中文系，1965 年研究生毕业于四川大学中文系。1980 年到四川大学任教。曾任四川大学中国俗文化研究所所长、中国敦煌吐鲁番学会副会长。曾三次获得教育部人文社会科学优秀成果一等奖。著有《王梵志诗校注》《敦煌变文选注》《敦煌文学丛考》《敦煌诗歌导论》《寒山诗注》《柱马屋存稿》等。

　　遇到敦煌文献时，项楚 36 岁。

　　那是 1976 年，他在成都西北中学当了十年语文老师，上课教书，下课写诗、写小说，日子过得也算安逸。

敦煌，离成都有数千里之遥。至于1900年王道士在敦煌莫高窟发现的古代写本，对项楚来说，更是遥不可及。那些文献分散在世界各地，英国、法国、苏联、日本，即便是藏在北京的那些，他也读不到。没有原件，可以退而求其次，读缩微胶卷。但那时，敦煌文献的缩微胶卷，北京有，敦煌有，成都没有。

年近不惑，资料不足，项楚还是闯了进去，不是想成名成家，只是单纯地想读通那些似懂非懂的文字，给那些让他困惑的问题找到答案。

不惑之惑

项楚的困惑，来自《敦煌变文集》。接触《敦煌变文集》，是因为编《汉语大字典》。因为编《汉语大字典》，项楚又一次调整了自己的人生航向。

1975年，《汉语大字典》被列入国家规划，由湖北、四川两省合作编写，四川编写组设在四川大学，老师们想到了川大中文系培养的第一位研究生项楚。

"1962年，我大学毕业。刚好四川大学中文系招研究生，有六朝唐宋文学专业，我对唐诗宋词有兴趣，就报名了。那时，国家刚经历了困难时期，能读研究生的是极少数，我是幸运儿之一。"今年83岁的项楚，鬓眉皤然。熟悉他的人说，项楚年轻时就平和而谦逊。

当然不只是幸运。那一年，四川大学中文系首次招收研究生，名额三人，宁缺毋滥，最终只有南开大学毕业的项楚一人通过考试，师从著名古典文学专家庞石帚。

项楚是浙江永嘉人，出生在湖北老河口，自幼随家人"走南闯北"，没几年就换一个地方。他到过北京，回过老家永嘉，1957年从南昌考上了天津的南开大学。考上研究生，到了成都，项楚终于落下了脚。

甫一入蜀，项楚就感到，地处西南的川大，学风偏于保守，远不如南开活跃。不过，这里的很多老师虽然清贫，却心无旁骛，专注于学问，不为外界的风云变幻所干扰。这正合项楚的心意。

三年后，项楚研究生毕业，到凉山甘洛军垦农场劳动锻炼。

"这个军垦农场原来是劳改农场，军事化管理，生活艰苦，但能吃饱饭。知识分子到那个地方，主要是没书可读，精神生活贫乏，也不知道这样的生活什么时候才能结束。"还好，无书可读的项楚有一个笔记本，上面抄录了不少诗词，也写下了他的点滴感慨。有了闲暇，项楚就给战友讲诗。彼时，他尚未娶妻生子，但每讲到顾贞观的"母老家贫子幼"，都会生出无限感慨。还好，两年后，项楚回到成都，成为一名中学老师，直到被借调到《汉语大字典》编写组。

打开今天的《汉语大字典》，"编写人员"那一栏，清清楚楚印着项楚的名字，但他坚持认为，自己并没有真正参与编写，只是做了些搜集资料的工作。

编字典需要例句，《汉语大字典》的例句搜罗自历代典籍。当时的办法是给每人分配一种或数种典籍，各人因字索句，把相关的句子抄到卡片上，再写出释义。那么多书，那么多编写人员，分配给项楚的，偏偏是一部《敦煌变文集》。

乍一看，"变文"这种保存在敦煌文献中的通俗文学文体，好像很简单，什么"昔周国欲末，六雄竞起"（《伍子胥变文》），什么"妇人决烈感山河，大哭即得长城倒"（《孟姜女变文》），语言浅俗，近似白话小说。深入下去，项楚才发现并非如此。

项楚熟悉的唐诗宋词，属于雅文化，使用的多是雅言。先秦以降，雅言世代传承，即使古奥生僻，借助历代学者的训释、注解，大部分也都可以被释读。与雅言相对的，是俗语。俗语不登大雅之堂，自然也就不大容易被学人关注、解读，其中不少词语随着时间的流逝而消亡。当敦煌藏经洞被打开，留存在变文中的大量口语、俗语词，仿若一个个无人触碰的"语言化石"，重现在世人面前，没人知晓它们的确切含义。再加上满纸俗字以及抄写过程中产生的错讹，使得解读敦煌文献中的这些俗文学作品，往往比理解经典作品还要困难。譬如，《大目乾连冥间救母变文》中一句"游泥伽蓝"，项楚思考数年都不得其解。

所谓"读九经自考文始，考文自知音始"，如果不扫清俗字、俗语词的障碍，就无法真正读懂那些敦煌文献，自然也就无法展开深入的研究，"继承与弘扬"更是奢谈。

面对这些文字，项楚想要破谜。好在，他找到了蒋礼鸿先生的《敦煌变文字义通释》——这部出版于 1959 年的著作，导夫先路。

"这本书就像一盏指路明灯，是我进入敦煌学的导师。"项楚如获至宝。有了这本书的考释，很多原本难懂的语句豁然而解。可读着读着，他发现，敦煌文献里的许多词语，在这部书里找不到答案；再深入下去，又发现，有些词，书里的解释似乎并不太恰当。不过，借着这盏明灯，项楚看到了一条崭新的学术之路：拂去千百年来蒙在这些词语之上的尘埃，再现它们活泼泼的原貌。至于这条路是鲜花锦簇还是荆棘密布，他没多想，只是一往无前。

恍然大悟

想在这条路上走下去，没有他法，唯有读书。

虽然读不到原始文献，但项楚有《敦煌变文集》、有《敦煌变文字义通释》，还读到了学界发表的一些论文，通过这些材料或多或少揭示的内容，他在脑海中一点点拼凑起那些疑难字词本来的模样。1980 年，他调到四川大学中文系古代文学教研室任教，图书馆里众多传世典籍任他采撷，不必说《全唐诗》《太平广记》《太平御览》，就连图书馆里尘封多年的《大正新修大藏经》，也终于等来了知音。

那时的项楚已经觉察到，今人研究敦煌俗文学作品，除了要跨越错字、俗字、俗语词的障碍，还要理解当时的社会背景与思想观念。唐代，佛教在民间广为流行，敦煌变文中有很多佛教题材的作品，其他作品也大量涉及佛教思想、典故、语言。对于唐人来说，这些文字称得上通俗易懂，而当代不甚了解佛教的读者，即便是鸿儒硕学，捧起这些文本，也经常犯难。想真正理解敦煌俗文学，就要回到千余年前敦煌变文创作、传播的语境之中。如何才能"穿越时空"？项楚决定读大藏经。

他读大藏经，不是浏览、不是翻检，而是踏踏实实逐字逐句地读，从图书馆早上开门一直读到傍晚闭馆。

"刚回到川大时，职称评定已经停滞了好多年，我什么职称也没有。职称评定停滞了，我不能停滞。当时我比较简单，没有去管提工资、分房子、发论文这些事，只是埋头按照自己的兴趣去读书，不着急写文章。"用了两年多时间，项楚把《大正新修大藏经》收录的 3000 多部佛教典籍通读了一遍，有些书，反复读了多遍。

大藏经不好读。一开始，很多地方读不懂，但他手头没有工具书，也没办法再借一部内容相关的佛典对照着读——按规定，大藏经每次只能借一册，要借另一册，就得把手头这册先还了——只能硬着头皮继续读下去，"读下去，又遇到类似的情况；再读下去，又遇到类似的情况……慢慢地，好像有点似懂非懂的样子，再读下去，就懂了"。

他懂了。《大目乾连冥间救母变文》中那句困扰了他多年的"游泥伽蓝"，原来应该是"淤泥伽蓝"，因为字形相近，抄书人把"淤"写成了"游"。古人常把"淤"与"污"混用，"淤泥"即为"污泥"，是弄脏之义；"污泥伽蓝"意为弄脏寺院，佛教视之为一种恶业，有文献为证："彼诸众生污泥僧伽墙壁，所以得如是报"（唐义净译《根本说一切有部毗奈耶出家事》），"寺舍往来，践踏污泥，饮酒食肉，无厌无足"（《礼忏文》）。不仅佛教文献，唐诗中也有"污泥龙王宫"（卢仝《冬行三首》之三），与"污泥伽蓝"用法类似。

他懂了。独坐于书桌之前，沉浸于学问之中，霎时间，一道灵光闪过，原本纠缠在一起的谜团顷刻条分缕析，眉目分明。项楚说，那是一种很舒适的感觉。有时，在恍然大悟的瞬间，这位在人们眼中"恂恂如也"的中年人，高兴得甚至要大叫出来。可他终究没有叫出来，又埋下头，继续读书。他知道，所谓灵感，不是幸运之神的眷顾，而是日复一日地阅读与思考，知识不断累积，问题不断碰撞，在那一刹那，终于融会贯通。

1982年的一天，项楚在川大中文系资料室翻看杂志，读到《中国语文》一篇题为《校勘在俗语词研究中的运用》的文章，涉及敦煌变文语句，正是他关心的问题。项楚把这本杂志借回家接着读，因为第二天还要还回资料室，他就用晚上的时间边读文章边记下一些问题。两三个月后，《敦煌变文校勘商榷》在1982年第4期《中国语文》发表，作者项楚。这位寂寂无闻的古代文学教研室教师，"跨专业"在中国社会科学院语言研究所主办的顶级学术期刊上亮相。很多语言学家问："项楚是谁？"

语言学家

语言学界对项楚是陌生的，项楚对语言学界同样是陌生的。

《敦煌变文校勘商榷》刊出不久，项楚参加了一个学术会议，一位女士看到他的名牌，便问："你就是在《中国语文》上发表文章的那个项楚？"她叫江蓝生，一年前从中国社会科学院研究生院硕士毕业，师从语言学家吕叔湘、刘坚，现在在中国社会科学院语言所近代汉语研究室工作，既是刘坚的学生，也是他的同事，而刘坚就是项楚"商榷"的那篇文章的作者。

此前，项楚并不知道刘坚是谁。江蓝生告诉他，负责那篇稿件的《中国语文》编辑陈治文，不仅是刘坚的同事，还是他的大舅哥。文章刊出前，陈治文征询过刘坚的意见，这位几年后就任语言所所长的著名学者没有因为这是与自己商榷的文章而阻止发表。

项楚也不知道，在吕叔湘等前辈学者的倡导下，近代汉语研究愈加受到学界重视，江蓝生所在的近代汉语研究室，就是几年前新创建的。一般认为，近代汉语研究关注的是从唐初到清初的汉语口语。古代文献中大量保存口语资料的，既不是文人雅士的诗文，也不是历代官修的史书，而是汉译佛经、敦煌变文、白话小说之类的文本。无意中，项楚成为"预流"者。

项楚的兴趣一直是文学。在南开大学中文系读书时，最吸引他的课程是王达津先生讲的中国文学批评史。那时运动多，学生还要外出参加集体劳动，耽误了不少课。临毕业，学校补开了几门，其中就有语言学家邢公畹先生的"文字音韵训诂"。文字、音韵、训诂合称"小学"，是传统的语言文字之学，旧时被视作治学的基础。时间紧张，三门课被压缩成一门，每周两节。邢先生抓住重点，介绍了最基础的知识。没想到，多年之后，学生时代习得的十八般武艺派上了用场，再加上对文献的精熟，项楚如庖丁解牛般解析起一个个敦煌俗语词的来龙去脉。

《季布诗咏》："千金不传老头春，醉卧阶前忘却贫。世上若也无此物，三分愁煞二分人。"项楚考证，这里的"老头春"，是酒的名字。唐宋时期，人们喜以"春"名酒，"老头春"之外，尚有金陵春、梨花春、洞庭春、蒲萄春，不胜枚举，今天的名酒"剑南春"亦是按照这个古老的传统以"春"为名，而给这酒命名的不是别人，正是项楚的老师庞石帚先生。

"可"，现在仍是常用词。项楚发现，敦煌变文中的"可"有时应释

作"满"，而不能按照以往辞书中的义项去理解。其实，不只是敦煌变文，白居易的诗"披香殿广十丈余，红线织成可殿铺"（《红线毯》），刘禹锡的诗"高坐寂寥尘漠漠，一方明月可中庭"（《生公讲堂》），"可"都是"满"义，但历代字书都没有列出这个义项。其实，不只是古代文献，作家周立波的小说《暴风骤雨》就有"可院的牛马欢蹦乱跳，嘶鸣，吼叫，闹成一片"，"可院"就是"满院"。

这说明，在当代东北方言里，"可"也有"满"的意思。

纵横古今，出入文史，项楚游刃有余。

1983年，吕叔湘先生捐出6万元个人积蓄，提议中国社会科学院设立青年语言学家奖金。江蓝生明白，老师捐赠这笔钱，是希望扶植年轻人，她就把项楚的论文拿给吕先生看。除了《敦煌变文校勘商榷》，项楚那时还发表了《敦煌变文语词札记》《〈敦煌写本王梵志诗校注〉补正》《敦煌变文字义析疑》《〈伍子胥变文〉补校》等文章，多不在语言学期刊上，吕先生不容易见到。

语言学专业科班出身的江蓝生，也有资格参评这个奖金，而且她是吕先生的弟子，有"近水楼台"的便利，但她主动推荐项楚参评。

1985年岁末，《光明日报》头版刊发消息，第二届中国社会科学院青年语言学家奖金评选结果公布，四川大学项楚获得唯一的一等奖。评审专家认为："项楚的论文立论严谨，不为牵强附会之辞，征引繁富，考证精详。凡所论列，大都确凿可信，其中有不少说法能纠正旧说的阙失和疏漏。"

这是当时学术界为数不多的几个奖项之一，社会影响极大。项楚跻身"青年语言学家"之列，一举成名。

他读佛经，不是想做佛学家；他琢磨俗语词，不是想做语言学家。他仍然眷恋着文学。敦煌变文之外，尚有敦煌歌辞；敦煌歌辞之外，尚有王梵志诗、寒山诗……他的探险才刚刚起步，他的殿堂才刚刚奠基。

逢人说项

注意到项楚的学界泰斗，不止吕叔湘。

20世纪80年代初，"敦煌在中国，敦煌学在日本"的说法在国内学界广为流传。尽管这句话的原始出处不甚清晰，但老先生们急了。

"像季羡林先生、周一良先生、王永兴先生、宿白先生，他们爱中国的学术、爱中国的文化，希望中国的学术、中国的文化在世界上赢得尊严。虽然他们主要的研究领域不是敦煌学，但出于这种责任感、爱国心，他们自己做研究、招学生，也关注着学术界的情况，发现有个叫项楚的冒出来了，就想看看这个人怎么样。"知道项楚正准备写《王梵志诗校注》，老先生们高兴极了。

那时，从日本传来消息，汉学家入矢义高主持的一个读书会选定了中国学者新近出版的《王梵志诗校辑》，准备针对其中的错讹撰写文章。20多年前，中国学者撰写的《东京梦华录注》出现一些疏漏，遭到入矢义高严厉批评，国内学界大为震动。20多年后，这一幕是否会再次上演？那就要看中国学者能不能率先拿出高质量的整理本。担子压在了项楚肩上。

王梵志诗，唐代流传极广，宋人偶尔提起，明代似已无人知晓，清人编的《全唐诗》不录一字。直到敦煌遗书被发现，在文学史上消失已久的王梵志诗才重现于世，被海内外学者视作唐代白话诗的代表。

与变文类似，王梵志诗不如文人作品精致，俚俗口语多，佛教观念多，不少诗句今人难以索解，而这正是项楚感兴趣的谜题。

只感兴趣不行，还要快！他不停地写，没日没夜地写，把笔尖写歪了才喘口气，扳正笔尖，继续写。

铅字排版太慢，老先生们建议，书稿先在北京大学中国中古史研究中心的不定期出版物《敦煌吐鲁番文献研究论集》上影印刊出。每写六七万字，项楚就把文稿发航空挂号信寄到北京，请人誊清，以待影印。几个月，寄了七八次，50余万字的书稿终于完成。1987年，《敦煌吐鲁番文献研究论集》第四辑出版，近500页的《王梵志诗校注》随之问世。如此一部大书，因为时间紧迫，作为一篇论文率先发表，或许史无前例。

支持项楚的学界中坚，不止江蓝生。

研究王梵志诗，项楚还是没材料。他不轻易打扰老先生，还是自己想办法。

王梵志诗缩微胶卷的照片，来自敦煌研究院。敦煌研究院当时规定，只为参与本院项目的学者提供资料，可他们还是把照片装了好几个文件袋交到项楚手上，操办此事的是李永宁研究员。

俄藏王梵志诗的复印件，来自一位海外汉学家。项楚后来在上海古籍出版社出版的《王梵志诗校注》中写道："我在北京参加中国敦煌吐鲁番学术讨论会期间，从欧洲友人处得到了梦寐以求的列一四五六号王梵志诗卷的影本。长久的心愿一旦实现，真是喜出望外……一个遗憾从此消除了，禁不住提笔记下心头的欢悦。"当时，俄藏敦煌文献尚属秘籍，学者难以寓目。那位"欧洲友人"不知从何处得来王梵志诗的复印件，毫无保留地送给项楚，但不希望别人知道此事，项楚在书中只能称其为"欧洲友人"。如今，俄罗斯藏敦煌文献已全部公开，项楚终于可以告诉世人，那位"欧洲友人"是德国汉学家葛莲（Dorothee Kehren）女士。

在一次学术会议上，中国社会科学院历史所研究员宋家钰听说项楚写《敦煌诗歌导论》没材料，主动提出为他洗印中国社科院收藏的敦煌文献照片。项楚急需某号卷子，就给宋家钰写信，宋家钰就把照片洗印寄来。项楚后来才知道，宋家钰洗印照片要经过申请，并不是轻而易举的事，"我们原本不认识，后来也没再见过面。只见过那一次，他就这样无私地帮助我"。

从《王梵志诗校注》到《敦煌变文选注》，从《敦煌诗歌导论》到《寒山诗注》，项楚的书一部接着一部，厚重而扎实。另一位老先生，敦煌学家潘重规在一篇文章中说，他"不能自已地逢人'说项'""希望海内外读者共同来细细品尝"。这里的"项"，不是古人项斯，而是今人项楚；他邀请读者"品尝"的，也不是珍馐美馔，而是项楚的著作。

很长一段时间，海内外学术界"逢人说项"。项楚还是说，自己很幸运。当然不只是幸运。长者支持、同辈襄助，是因为他们热爱中国文化，他们期待学术繁荣，他们视项楚为不世出的读书种子，他们视项楚的荣光为学术的荣光。

项楚不负众望。

《王梵志诗校注》及时问世，日本学者的批评文章尚未出场，便失去了价值。入矢义高为《王梵志诗校注》写了一篇字数不多但评价极高的书评，"对其极周详精审之至的注释，我只能起久长的惊叹之感"。季羡林先生说，项楚对王梵志的研究，"把日本的一场剑拔弩张的'批判'，在事前'镇压'了下去"。

项楚当时的硕士研究生刘石，多年以后给学生讲起自己老师的故事："有些事情也真是匪夷所思，青灯黄卷的书斋生涯，有时也能在浑然不觉间担当为国争光的大任。"

项楚则说，跟老先生们接触久了，"觉得我也像他们那样爱国了"。

做笨学问

由语言而文学，由文学而文化，项楚一路前行。继"语言学家"之后，文献学家、文学史家、敦煌学家，一个个名号接踵而至。

老先生们有意把项楚调到北大，给他更宽广的舞台。项楚感念母校的培养，还是留在了川大，建立中国古典文献学博士点，创办四川大学中国俗文化研究所，教学生，带队伍。一个敦煌研究的重镇在西南异军突起，看似不可思议，却也顺理成章。

学生们的研究方向各不相同，有俗文学，也有雅文学，有唐宋明清，也有先秦两汉，项楚并不强求，"我主要是教一些方法"。

最重要的方法，当然是读书。

读书和读书不一样。有些人读书，虽然也勤奋，但过目即忘，读了白读。

项楚读书，思维高度紧张，面对文献，一个个问题从头脑中跳将出来。他读大藏经，原本是关心汉译佛经的语言，可读着读着，就在佛经故事里找到了一个个古代小说的源头，读着读着，就寻绎出一条条文化演变的脉络。这种系连的能力，项楚称之为"敏感"。

老师的敏感，学生观察得最直接。

项楚讲敦煌文献选读课，和学生一起读原始文献。"读到一句话，卡住了，我们半天想不出来怎么解释，项老师很快就发现有个字的字形有问题，可能是假借。"张涌泉是项楚指导的第一位博士研究生，追随老师的脚步，两获中国社会科学院青年语言学家奖金一等奖，如今这位也已年近古稀的浙江大学文科资深教授，仍对老师的"敏感"感叹不已，"从表面上看，传世文献与敦煌文献中的问题经常是没什么关联的，但项老师能破除字形、字义、字音造成的迷障，深入本质，找到答案。有的人没有这种敏感，读再多书也没用"。

项楚曾经设想，当年读大藏经时，如果手边有一部工具书，自己的学问会是什么样？他的答案是：可能当时读懂了，但过后就忘了。

现在的青年学者，不仅有工具书，还有古籍数据库，一点鼠标，成百上千条结果就来了。项楚告诉他们，新技术固然要学习，但检索不能代替读书，会堆砌材料不意味着读懂了材料，"我们要做些笨学问，花些时间读经典，慢慢涵泳、体会。把握到它的精神，那才是真正读懂了"。

"你轻易获得的东西，往往是表面的、肤浅的；只有通过艰苦努力获得的东西，才是深入的、深刻的。不然的话，做学问就变成很简单的事情了。"对于读书，对于学问，项楚保持着敬畏，一如从前。

（此文原载《光明日报》2023 年 12 月 11 日第 11 版。）

赵师秀宦迹探微

◎ 潘猛补

赵师秀（1170—1220），字紫芝，号灵秀，又号天乐，永嘉人。
为"永嘉四灵"之一，人称"鬼才"。绍熙元年（1190）进士。
其虽为宗室，但一生宦迹不显，学界对其仕宦经历说法不一，
故有进一步研究的空间，特作探微揭之。

初仕上元主簿

赵师秀的初仕之职，是在绍熙年间任上元县（今属南京）
主簿。《景定建康志·儒学志·建明道书院》有"绍熙间主簿
赵君师秀来居其官即听事西偏绘像祠之"的记载。《宋史》卷载：
"刘宰，字平国，金坛人。绍熙元年举进士，调江宁尉。去官，
惟箧藏主簿赵师秀酬唱诗而已"为证。至于具体时间，据庆元

元年任江东安抚使司干办公事游九言《送赵主簿紫芝序》"某与紫芝同官二年相好也"、"适会紫芝秩满将，归因书其语以为别"等语，而游九言于庆元三年，调全椒令。知赵师秀为官三年，当为绍熙五年（1194）至庆元二年（1196）底还在上元主簿任上。

其在任内做了两件事。其一在主簿官厅祀程颢，并请游九言写记。游九言于庆元二年丙辰（1196）季冬撰的《明道书院记》云："上元县主簿赵君师秀谓九言曰：'师秀实践先生昔日所居之官也。今建康府既有祠以风励士子，顾所临旧地尚为阙典，敢即听事西偏绘粹容俎豆之。'"

其二为坚持原则，不畏强权。游九言《送赵主簿紫芝序》云："紫芝主簿上元，尝因所职建某事，合乎义理教化而不合乎世俗之好，紫芝不摇于利害，其器则远而识亦明矣。""或亲故诮其拙迂，上官恶其违庚"，"其无顾虑，无勉强，是其胸次必可探而识矣。""紫芝以诸王孙蚤登科目，骎骎乎富贵利达，而所为乃过于陋巷之士，贤于人远矣。"可见赵师秀是抗志希古，坚持平素高尚志向的人，不会奉承拍马，故沉浮官场不得升迁。

金陵、隆兴幕从

关于赵师秀幕从时间，葛兆光《赵师秀小考》定为绍熙四年（1193）为建康知州郑侨幕从事（幕从事是汉以后州郡长官自辟的僚属），翁卷有《送赵紫芝为江东从事》诗。庆元初（1195）葛绍体《送赵紫芝入金陵幕》诗。考绍熙元年正月二十四日，以吏部尚书兼侍讲郑侨知贡举，与赵师秀有师生之谊，又据《景定建康志》载"郑侨，绍熙四年七月以显谟阁学士安抚使兼行宫留守"，其好似证据确凿。然检薛师石也有同题《送赵紫芝入金陵幕》："为官亦傲居，官况定何如。昨夜交游散，满湖秋雨疏。此邦佳丽久，旧事拜参初。喜是贤侯幕，新年有荐书。"考薛师石生于淳熙

五年 (1178)，绍熙四年（1193）才十四五岁，不可能与赵师秀有唱和。又诗中的"喜是贤侯幕，新年有荐书"，是指由选人改京官，而写的"举削"。即中高级以上官员荐举选人改京朝官的奏状。绍熙四年赵师秀连选人还不是，何来改官之事？同样考葛绍体其年龄与薛相仿，也没有可能在此年与赵师秀交集。所以绍熙四年说不能成立。

那么何时从幕金陵呢？其当在庆元三年（1197），这年赵师秀在温州，翁卷、薛师石、葛绍体也在温州，正好送赵师秀赴金陵为幕从事。李刘在回赵师秀的信中记述师秀主簿之职后，从事幕职，云"辍天堑之元僚"，后又引滕王阁句。这里的"天堑"即长江，指江东金陵，"元僚"就指金陵幕；滕王阁在南昌，应代指隆兴。从文章先后顺序来分析，赵师秀先为金陵幕后还在隆兴府为幕职，故在豫章（南昌）与赵蕃、韩淲、张弋等相识，多有唱和。只不过幕职官有签书判官厅公事、节度掌书记、州府判官、推官等，赵师秀为何职不得而知。而陈增杰先生更将其定为嘉定元年（1208）之时，待考。

筠州推官

据《正德瑞州府志》卷七《名宦》："赵师秀，字灵秀。永嘉人。有诗名。嘉泰三年为推官，为政务之暇，不废吟咏。"徐玑有《送赵灵秀赴筠州幕予亦将之湖外》，考徐玑于此年为永州司理，时间正合。又赵师秀《赠张亦》有"天下方无事，男儿未有功"句。知此时天下方无事，北伐战事刚结束。韩淲《赵推官诗卷昌甫数称许之》，徐照《寄筠阳赵紫芝推官》，及有数篇筠州之作，均与师秀任筠州有关。徐玑《送徐照先回江西》有"江西看旧友"，《送瑞州张知录》有"旧友曾过处"。知录即张埴，旧友当指师秀。这段时间赵师秀多有咏筠州之作。筠州、筠阳、瑞州、高安本为一地之异名，知赵师秀从嘉泰三年（1203）至嘉定元年（1208）即《四库全书总目提要》所谓"仕终高安推官"之职也。

荆襄机幕

据叶绍翁《四朝闻见录》载：早年时为迪功郎、药局的赵师劭曾上书，请斩赵汝愚以谢天下，以欲媚韩侂胄。而赵崇模，赵汝愚子。嘉定二年，刘光祖帅荆襄，辟为机幕。时亦辟赵师召之弟某。崇模与危积为同年，就嘱危写信给刘光祖云："今闻其弟之当来，欲使为僚而并处。念交游之仇不同国，而况天伦？"刘得信后，即辞退了师召弟。虽叶绍翁称师召作师劭，但据《宋史》卷三九二《赵汝愚传》，及楼钥、真德秀"乞正赵师召妄贡封章之罪"所云均作赵师召，当为师劭之误。据《宋史·宗室世系表》，同名师召者多人，然据《赵希愚墓志》载"父师召，从事郎、湖南仓司干官"。此师召为子游之孙，伯乘之子，师秀之三哥也。其时间职务与上书请斩赵汝愚者正合。如果此说成立，那么赵师秀曾为荆襄机幕后被辞退。兄之事与弟何干？师秀躺中无妄之灾。故薛师石《寄赵紫芝》有"别后访消息，传言一半虚。前官已不就，所向定何如"之叹。

江西运干

朱烈《鹿城诗人寻踪录》首先提出赵师秀不是仕终高安推官，还曾任运干，引陈起《寄赵紫芝运干》为证。运干即"路转运司干办官"，是"转运司干办公事厅"的主官的简称。其何时任何路运干呢？考卫泾《奏举滕璘赵师秀潘景伯赵善璙蒋日宣黄宜郑魏挺乞赐旌擢状》有"从事郎、江南西路转运司干办公事赵师秀"，"一第二十七年未脱选曹，师秀怡然不以介意。自参漕幕，处事正平，持身洁廉，赞画平允"。知为江南西路，即简称江西。时卫泾"司职阃右"，指任职隆兴府。据《南昌府志》载，嘉定七年，卫泾除资政殿大学士知隆兴府江西安抚使。江南西路转运司治于洪州即南昌。卫泾奏举距赵师秀中进士后二十七年，即在嘉定八年（1215）。

至于赵师秀任职时间，李刘《代卫内机回新任赵运干师秀》，被代者"卫内机"即卫泾，其曾任枢密院兼参政事故称"内机"。信中云："既低飞于枳棘，又屡泛于芙蓉。辍天堑之元僚，佐星轺之计吏。栋帘云雨，似闻曾驻于襜帷；庭户湖山，复见重来之宾佐。"回顾了赵师秀当主簿，在金陵和南昌任幕从事经历，并赞其光芒万丈之文，叹相见恨晚。故后来荐举师秀脱选改官。

终知上元县

陈振孙《直斋书录解题》云："师秀尝登科改官。"选人是文官当中最低等级的官员，分为四等七阶。选人要想获得晋升，需要经过三任六考的磨勘过程，一任期限为三年，一年一考，逐级上升，这被称为"循资"。还需要有具备推荐资格的官员举荐，经审批才可"改官"。赵师秀资格是"选人"，还到不了"京官、朝官知县"的级别。赵与时《宾退录》卷六："吾族人紫芝亦尝赋一绝云：'数日秋风欺病夫，尽吹黄叶下庭芜。林疏放得遥山出，又被云遮一半无。'气象略相似，仅脱选而卒。"可见赵师秀是已脱选坑，但未上任。

那么其未上任的职务又是何职呢？据永颐《悼赵宰紫芝甫》诗："紫芝昔赋天台日，桐柏宫诗老更成。梦断玉楼春帐晓，蝶迷花院夕魂轻。钱郎旧体终难并，姚贾新裁近有声。有子无家须吊问，故交谁不为伤情。"宰为负责管理一县的长官，赵师秀应该是终知县之职。那么是何地知县呢？

曾枣庄《中国文学家大辞典》从诗中有天台字眼，就遽定其知天台，其实是误读。这是指赵师秀早年曾游天台，写有《桐柏观》诗，叶适有《送赵紫芝游天台》诗，徐照《怀赵紫芝翁灵舒》有"紫芝别我天台去，翁十深山自结茅"句为证，可见只是赞其诗老成而已，并不是说其知天台之职。然据释居简《祭上元长官赵紫芝》诗，原来赵师秀是终任上元知县。从初仕上元主簿到终于上元知县上任前，与上元有缘乎？居简与师秀交情甚深，其在《天乐赵紫芝画像》对赵师秀高尚的情操高度赞美，将其与米南宫、陆龟蒙相比，可成楷模而名留青史，所以其说当信。《瑞州府志》也有"改授上元令而终"的记载可作佐证。

然有趣的是，当我们细品永颐的"梦断玉楼春帐晓，蝶迷花院夕魂轻"句，惊奇发现这似乎暗示赵师秀死于妓院？时四灵二徐已亡，其妻亦早卒，病中的赵师秀孤苦伶仃而无家，只有妓女红颜知己在身边照料。对照刘克庄《哭赵紫芝》："夺到斯人处，词林亦可悲。世间空有字，天下便无诗。尽出香分妓，惟留砚付儿。"赵师秀烧香过一生，最后将香炉分留给临终陪伴的妓女，可见两情之深，也可证我的推测可以成立。

徐石麟的诗书画

◎ 柳一村

一

从唐代开始，人们就喜欢把诗书画连在一起说事了，好像是从郑虔开始的。

郑虔，字弱齐，荥阳人，是李白、杜甫的好友。他年轻时就勤奋好学，家贫，寄居在长安城南的慈恩寺，无钱买纸，就储存了几间屋子的柿叶，他就在柿叶上练字。郑虔是穷光蛋，也是马屁精，他画了一幅山水，并题诗一首，献给唐玄宗。唐玄宗看了后，赞不绝口，亲笔在画上题跋："郑虔三绝"。从此以后，人们就用"郑虔三绝"的典故，来称赞诗、书、画兼擅的读书人。这唐玄宗可不是一般的皇帝，文学艺术修养极高，能入他的法眼，想必不是一般之作。可惜郑虔的诗、书、画流

徐石麟故居

传下来的很少很少，或许真是"三绝"了呢！

郑虔之人之事太遥远了，远得像在天边，不提。单道我们楠溪，就有一位诗、书、画都擅长的人物，虽然算不得"三绝"，却也件件拿得出手。你道是谁？正是徐石麟先生。

徐石麟（1896—1953），字裕如，号天遨，永嘉县枫林镇汤岙村人。祖上世代务农，并不曾有过功名，到了父亲孝庭先生，中了一个秀才，后来就以教私塾为业，晚年还当了一任枫林小学的校长。孝庭先生以写得一手好字闻名乡里，这给年幼的徐石麟留下了深刻的印象，也同时在他懵懂的心田里播下了一颗艺术的种子。

由于家境贫寒，徐石麟高等小学毕业后，就再也无力升学了，只得辍学在家，一边耕作，一边在父亲的指导下读书。后来，他岳父看他是一块

徐石麟的诗书画

读书的料子，就资助他进了中学。1920年，徐石麟考上了上海美术专科学校，师从刘海粟、乌始光等人，打下了扎实的美术基础。西学东渐，上海美专作为一所新型的美术学校，开一代风气之先，它侧重的是西洋美术教学，素描、油画必修无疑。可是有谁能够料到，有时候种瓜偏偏得豆，徐石麟在美专接受的是严格的西洋画训练，后来走的绘画道路却是与西洋画大异其趣的中国山水花鸟画，这多少有些令人不解。现在的我们只能如此推测，这大概与他自幼受父亲的影响有关，他的血管里流淌着的只能是中华传统文化的血液。

从上海美专毕业后，徐石麟先后在绍兴越才中学、宁波育才中学和杭州英士大学任教。后来，又回到上海，任肇和中学国文和美术教师，兼教导主任。1937年抗日战争全面爆发后，上海很快就沦陷于日军之手。日本人对徐石麟进行威逼利诱，要他继续维持肇和中学的日常工作，并实施奴化教育。我们的徐石麟先生，有着高尚的民族气节，坚决不为日本人办事，就悄悄逃离了上海，回到故乡。山河破碎，生灵涂炭，正是我热血男儿为国宣劳之际，徐石麟岂能坐视不管？1938年7月，在徐石麟的倡议下，一所为战时培养人才的济时中学应运而生，徐石麟出任校长。

二

当时的济时中学，是浙南最著名的私立学校，瓯江南北的硕儒耆宿会聚于此，一时人才济济。教师中能诗善文者就达20多位，陈应如、陈修仁、陈忏禅、曾伯明等人，皆属斲轮老手，只是等闲不作。在这一批人的心目中，徐石麟仅仅是一位画家，虽然也会开口吟几句，但绝不会在校内诗人中坐头几把交椅。

在传统读书人看来，诗文才是至高无上的，书画不过文人余事，雕虫小技而已。这种观念根深蒂固，自古及今，概莫能外。远的不说，近代海上画派巨擘吴昌硕，就偏偏以诗人自居，其《赠内》诗云："平居数长物，夫婿是诗人。"处处学吴昌硕的齐白石，干脆自称"诗第一，印第二，字第三，画第四。"当年徐石麟在济时中学，也不甘心仅仅做一位画家，曾有一则他与几位诗翁"斗诗"的轶事。

济时中学的几位诗翁一致认为徐石麟诗艺平平，而徐偏偏以诗自许，他们就认为徐有些"唐"。一日，诸公以"咏唐花"为题，各赋一律，来嘲讽徐石麟，其中陈修仁云："东风未到未央宫，火迫百花上苑红。四季精华消旦暮，一朝技巧夺天工。鲜艳只堪供俗好，容光不与及时同。妖狐偶作非非想，羼入千秋佳话中。"唐花，是指在暖房里培育的花。《唐诗纪事》载：天授二年腊，武则天欲幸上苑，乃遣使宣诏曰："明朝游上苑，火急报春知。花须连夜发，莫待晓风吹。"可是，腊月哪得春花开？无奈之下，群臣当夜烧火烘烤，以温度催花，至晓，居然百花齐放。

很显然，这里的"唐"，分明暗含"荒唐"之意。徐石麟读了陈修仁的诗，晓得是在戏谑自己，就针尖对麦芒，当即口占一绝："唐花自古最神奇，占尽风情向帝畿。毕竟群芳逊颜色，御园谁敢斗芳菲。"这里需要说明的是，这班诗人都是坦荡君子，与徐石麟私交甚深，他们的戏谑自然并无恶意，应当看做是朋友之间的调侃打趣。尤其是陈修仁先生，快人快语，敢于当面批评他人诗文之不足。他曾多次说夏承焘的有些格律诗不通，夏先生也只能点头微笑。

三

早在 1935 年 2 月，徐石麟就在杭州出版了一册《天遨诗钞》，共收诗 118 首，其中五绝 35 首，五律 24 首，七绝 32 首，七律 27 首。从诗的内容来看，登临览胜之作，占了十之八九，而且游玩之地集中在楠溪、雁荡和西湖。写楠溪的，如《崇古寺》："晨登崇古寺，鼎足立三峰。遥望家乡在，却被白云封。"《春题北川龙宫》："山川北谷最奇新，瀑顶龙宫好避秦。洞口春深飞玉蝶，源头水浅跃金鳞。纵令一夕来风雨，自有千峰隔世尘。此处真堪高枕卧，泉声鸟语两清纯。"写雁荡的，如《重游观音洞》："二十年前远足游，曾来此洞一登楼。依稀风景今犹昔，愕问老僧几白头。"《重游雁山》："重来寺宿伴僧家，一瀑二灵景足夸。夜涉清溪蹈星斗，朝寻古洞履烟霞。千峰忙过无留影，万事闲看似落花。身世如同秋日雁，孤飞往往寄天涯。"写西湖的最多，如《独酌平湖秋月》："月冷平湖柳，纷纷落叶时。凄然伤独酌，三复谪仙诗。"《春寓湖上待友》："梅花相待一枝交，湖上添春垂柳梢。燕子先人来自远，衔泥补筑旧时巢。"《湖上春游》："久客无聊赖，西湖景又新。三游三竺寺，六见六桥春。树色浮初日，山花笑故身。数声钟磬响，寂寞镜中人。"

读了这些诗句，我们不难发现，徐石麟的诗写得中规中矩，雄浑虽然不见，雕镂也未太过，可以当得起"清新晓畅"四字。不过，细细咀嚼之后也确实没有特别高明之处，不过寻常吐属而已。我相信当年济时中学的那几位诗翁，他们的眼光是准确的，也是挑剔的。徐石麟喜欢陆游，曾经手抄了一本《陆游诗录》，借杯酒，浇块磊，我们也可以从中看出他对诗歌的理解和旨趣所在。因此，我不禁想起陆游的两句诗来："君诗妙处吾能识，正在山程水驿中。"翻开《天遨诗钞》来看看，徐石麟的诗思大抵在"山程水驿"。

徐石麟善书，无疑自幼受到了他父亲的影响。

我们现在所能看到的徐石麟墨迹，主要有3种：《国学常识摘要》《陆游诗录》和《宋拓淳化阁帖》临本。《国学常识摘要》是他在上海肇和中学任教时的备课资料，书写在肇和中学的用笺上，一手小行草，一页十行，随手挥洒而神定气闲，无意于书而功力性情自见，是他现存墨迹中最可称道者。《陆游诗录》同样是小行草，同样抄写在肇和中学的用笺上，这是他有意于书，反而放不开，时见拘谨之态。再看《宋拓淳化阁帖》临本，这是徐石麟临其中的卷六、卷七和卷八王羲之书。需要指出的是，王羲之的这3卷法书，除了极少数几通是行书外，都是草书。而徐石麟的所谓"临本"，却一律以行书面目出之。唐代的张怀瓘在《书议》一文中说："逸少草有女郎材，无丈夫气，不足贵也。"如果你是王羲之的粉丝，听了这话，恨不得掴他两巴掌，但人家就是这么说的。那么，徐石麟也怕自己的字被人称为"女郎书"吗？

出版于1937年的《徐天遨画集》，由马公愚题签，只收18幅作品，其中兰、竹各一，余皆山水，山水中有一幅是范宽《溪山行旅图》的临本。所谓临，其实也不是完全忠实于原作的实临，是他自己心目中的《溪山行旅图》。我们读他的山水画，面貌多样，看不出师事何门何派，更谈不上自己的风格了。从他的皴法来看，以披麻皴为主，画的大多是江南山水。画集中的一兰一竹，倒是写得潇洒，颇有临风怀远之致。

据说，蒋介石也久闻徐石麟的画名。1936年，蒋介石虚龄五十，想请徐石麟作一幅牡丹为寿。偏偏徐石麟书生意气，不合时宜，画了一幅菊花，还题诗云："自古牡丹独称王，深秋气冽亦凋伤。香留晚节看幽菊，花落残枝总傲霜。"你看看，人家祝寿，你却说什么"凋伤""花落残枝"，这是什么话？这不仅仅是不谙世故，简直是不近人情了，甚至还有诅咒之嫌。

这件事到底有多少可信的成分呢？不得而知。作为徐石麟在济时中学时的弟子陈光复和戴岩梁，两人对此都有文字记录，也曾多次跟我当面谈及。陈光复有一首《徐师画菊》："浥露傲霜性耐寒，渊明高节薄千官。先生自有黄花癖，不为君王画牡丹。"诗前还有几句小引："徐师石麟，号天邈，吾浙名画家也。昔蒋介石五十寿辰，曾嘱师画牡丹一株为贺，师鄙之，乃画菊以献。"真是锦语琅琅，言之凿凿，使人容不得有丁点怀疑。而在我看来，献画一事，恐怕以徐石麟自己臆想的成分居多，类似于当今文艺界的包装炒作。上文已经提及，他在 1937 年才出了一本薄薄的《徐天邈画集》，在此之前能有什么影响呢，居然上达天聪？不过，蒋介石注重乡谊，对浙江人另眼相看，却是不争的事实。

四

自古以来，新屋落成就有客人来祝贺，这是有几千年历史的传统礼仪，最有名的莫过于"晋献文子成室"了。《礼记·檀弓》载：

晋献文子成室，晋大夫发焉。张老曰："美哉轮焉，美哉奂焉。歌于斯，哭于斯，聚国族于斯。"文子曰："武也得歌于斯，哭于斯，聚国族于斯，是全要领以从先大夫于九京也。"北面再拜，稽首。君子谓之善颂善祷。

1943 年 3 月 14 日，徐石麟在故乡汤岙的新屋落成，济时中学的同仁送来了一块匾额"百年树人"，既是对新屋落成的祝贺，更是对新屋主人在教育方面所做出的贡献的高度评价，贴切、中肯，可谓善颂。但是，有谁会料到这块匾额居然暗藏玄机。

与"百年树人"对应的是"十年树木"。就在新屋落成整整 10 年后的 1953 年，年仅 57 岁的徐石麟先生死于非命，而且恰恰与一段树木有关。

原来，与当局办学意见相左的徐石麟，毅然离开了济时中学，回到老家汤岙。匏系于家的徐石麟，踽踽凉凉，颇有遗世独立的味道。既然没有了经济来源，全家的生计也就成了问题，他不得不躬亲稼穑，灌园自给。这一天，徐石麟从山上劳作回家，本来就已疲惫不堪的他又爬上二楼去整理乌桕树段。一介书生，家境之贫寒可想而知，新屋落成 10 年了，而楼板依然没有踏成，这些乌桕树段，就是用来代替楼板的。不料他恍惚之间，一脚踏空，从二楼跌落下来，很快就咽了气，就连送医院抢救的机会都没有。呜呼！一代楠溪才子，从此化作一缕轻烟，缥缈在雨后山冈；化作一声渔唱，低回在秋水滩林。魂兮魂兮，是诗魂不散，是书魂不散，是画魂不散。

油未尽而灯已灺，枝未枯而叶先落。正值人生最成熟的中年，遽然离世，而且是以这样一种非正常的方式离世，这就特别令人唏嘘不已。天丧斯文，如之奈何。只是他死得悲惨，我想着揪心。

最最叫人欲哭无泪的是，就在徐石麟先生去世的第二天，浙江省人民政府的工作人员，一路鞍马劳顿来到徐家，手里拿着一纸聘书，是聘任徐石麟为浙江省文史馆馆员的聘书。

五

徐石麟对自己的诗书画是颇持肯定态度的，这从他与济时中学的几位同人斗诗可见一斑。在他的诗集中，也可以读到这样的句子："把娱诗书画，无心问世事。"（《偶感》）"有酒书方健，无诗画亦欣。"（《偶感》）分明有自得之意。历史上，自负的诗人书画家多了去了，再多一个徐石麟又有何妨？钟嵘《诗品·齐诸暨令袁嘏》："嘏诗平平耳，多自谓能。常语徐太保尉云：'我诗有生气，须人捉着。不尔，便飞去。'"正是靠着"多自谓能"，我才记住了袁嘏这个名字，知道他是一个自负得有趣的人。

我想，一个艺术家的成功，固然有许多原因，而长寿是必不可少的原因之一。楠溪有句俚语："命长可以做皇帝。"这话说得俏皮，而俏皮中却也含有几分道理。试看现代艺林，齐白石、林散之、沙孟海、王蘧常等等，无不年登耄耋而暴得大名，方始洛阳纸贵。假设徐石麟先生没有出现意外，天假以年而得享遐龄，那他的艺术成就又将怎样呢？会不会也称得上诗书画"三绝"？当然，人生不能假设，也无法重来，我们连自己的命运都把握不了，又怎么能够安排他人的人生轨迹？

　　作为乡曲之士，吾生也晚，学惭鼠狱，智乏鸡碑，又偏偏不知藏拙，居然对徐石麟先生的诗书画评头品足，这就难免有"茄子敲泥磬，冬瓜撞木钟"之讥。如果孟子地下有知，肯定会被骂为"以其昏昏使人昭昭"。需要在这里说明的是，我所看到的徐石麟书画，只是 16 开的印刷品而已，而且印刷质量很难叫人恭维。如镜里看花，如水中看月，就连得其仿佛都不容易，遑论鉴赏。好在俺也参得些蚌蛤禅，才开两片，露出肝肠，只是凭感觉直说而已，并无其他心思。如果自留笑柄，当属活该；如果唐突先贤，却是罪过。

2023 年 3 月

王允初精刻屏风帖

◎ 高远

　　唐太宗文皇帝李世民的确是个好君主，精于治国理政，还酷爱读书写字，非常用功，将读到古代帝王说得好的话和所做有意义的事记录下来，称古帝王龟鉴语，做自己当皇帝的箴言，并警戒于后人。贞观十四年 (640) 四月二十二日，将上述内容用草书和楷书写了两份，张帖在屏风上，给大臣们参学。《唐会要》云：上自为真、草书屏风，以示群臣，笔力遒劲，为一时之绝，诚可宝也。唐太宗心意之美，字就写得非常漂亮，得到大家的宝爱。从历史看，凡是宝贵的东西，总会天可怜之，人保护之，总是会以不同的方式留传下来。

　　早在登极之初的贞观元年，太宗文皇帝敕命五品以上的京官，家中有儿孙辈酷爱学习书法，且有天赋的年轻人，都可以到宫廷里的书法高级研修班里学习。他自己是校长，褚遂良是班主任，虞世南、欧阳询是学科教师，这是比现在某些美院的书法院博士班还要高级几十个几何级数的专修班了。可见这书法对李世民而言，是他文治的一种手段，是做皇帝教化天下的一项重要内容，不仅仅只是业余爱好，达到八九段的水平而已。他利用职务之便搜集了一万多幅王羲之的传世之作，日夜与欧虞等几个书学大腕观摩、鉴定、研习、复制、传播，且将王字提到了至上的书学层次，确立了王羲之的书圣地位。在敕令史官所修的《晋书》中亲自给王羲之作传，这是中国二十四史中独此一份皇帝御制的传记。就此而言，他确实是够得上称文皇帝的。

太宗文皇帝传世的书法大作有《晋祠铭》《温泉铭》和《屏风帖》，前两碑都是他自己撰文并书丹的，是写得艺术水平达到二王之间的行书，内容无外乎记述初唐时的武功文治，歌功颂德；时间在贞观二十年之后，他驾崩的前几年。而《屏风帖》比《晋祠铭》早六年，内容为历代帝王的治乱言行，表达他的治平理想，书体为王氏风格的草书，写得起伏宕荡，体势开张，遒劲流美，活色生香。如此御书当时就受到大臣们的追捧，而其内容则成了他后代皇帝的治国箴规，被宝藏于内廷。传到宋廷后，作为墨宝，深藏高阁，平常人物难得一见。靖康年，金兵攻入汴梁，京城被劫一空，于是此宝流失北方。

永嘉虽然僻处东南海隅，远离我国文化中心的中原地区，建县却较早，从汉顺帝永和三年 (138) 建永宁县算起已经 1885 年了。公元 323 年永嘉郡建立后，王羲之、谢灵运、孙绰、颜延之、丘迟等文化大家出守于斯，进行了文化加持，春风化雨，到唐代就出现了属于永嘉特征的文化现象和人物群体。以玄觉为代表的佛教永嘉禅宗，其《证道歌》被印度学者称为东方之大乘，开启永嘉文风。以书画著名的张諲，王维赠诗云："团扇草书轻内史"。诗僧昙光得王羲之笔法的正统传承，以草书闻名于他所生活的晚唐时代。宋时永嘉县衙内一直立有王羲之《兰亭序》刻石，号称《永嘉兰亭》，传说是隋智永的临本。唐末，颜真卿和颜杲卿（真卿之堂兄）的五世孙颜裕、颜伦、颜祥携鲁公真迹来永定居。南宋绍兴年间，知州李光在永嘉县城建置颜真卿祠忠义堂。嘉定八年 (1215)，知府留元刚把这些颜鲁公真迹刻石列置忠义堂内供州人学习，这就是著名的颜书名帖《忠义堂帖》。永嘉屿北汪氏始迁祖汪应辰及子汪逵都官至吏部尚书，同时都是著名的书法家，屿北的世尚书祠就是他俩的专祠。汪应辰在蜀地当官时，用心搜集苏东坡在家乡的遗墨，精心辑刻了《西楼苏帖》，是为苏东坡书法传世名帖。汪逵还收藏有王字代表作《兰亭序》的刻帖版本五十来种。在王颜书风的浸淫下，永嘉的学书之道偏重于正统，直至如今。

今永嘉千石王氏祖上有名臣王允初、王致远父子，除是有名的清官外，还都做过了不起的文化保护和传播工作。可能是受地方文化传统影响，留下国宝级的石刻名碑。王致远主持刻石的《天文图》《地理图》《帝王绍运图》，现在是江苏博物馆的镇馆之宝。王允初主持刻石的唐太宗草书《屏风帖》，则是与秦李斯的《会稽刻石》、汉《三老讳字忌日碑》和王献之书《玉版十三行》石刻齐名，是浙江最著名的 30 种宋前碑刻法帖之一。

王允初 (1154—1214)，字元甫，南宋黄田千石村人。淳熙八年 (1181) 进士。嘉泰年间 (1201—1204)，调任余杭知县。开禧二年 (1206) 初，升任湖北德安府通判。十月十七日，金兵十余万进围德安府城安陆，知州李师尹欲弃城遁逃。王允初征集兵员四千五百余人，亲自登城指挥作战，坚守孤城一百零八天，击退金兵数百次进攻。以弱胜强，击败金兵。宁宗先后颁下五道敕令，给予嘉奖。敕曰："尔坚守安陆，卒挫敌锋。以儒雅之素，收御侮之功，非抱负实才，何以及此。"

南宋从乾道到淳熙 (1165—1189) 的二三十年，是永嘉事功学派最辉煌的时候，王允初父子生活在此间的永嘉，就有着深刻的经制事功精神，强国富民的理想，弃虚务实的作风，并始终贯穿他们的一生。王致远的三国执念是国土完整、国运贞祥、国祚绵长。王允初刻《屏风帖》的时候正是南宋小朝廷内忧外患，家国多难，他希望国家长治久安，所以刻帖的目的是："今观此书，其间多指述前代得失治乱之迹以自儆戒。"所以他刻碑立石，以传久远，是"因治石以广其传，是不特宝玩其书法而已也"，这是对唐文皇亲书是帖的最好诠释。刻立《屏风帖》之用心良苦，或许是他的精神寄托，我们如今以书法墨宝视之，岂不惜哉！

王允初在《屏风帖》后之跋曰：

唐文皇正观之治，由汉以来未之有也，论者皆谓魏證劝行仁义之效。今观此书，其间多指述前代得失治乱之迹以自儆戒。盖其天资高明，识见深远，中材庸主所不能及。则当时治效，證岂容于专美。于斯三叹三咏，因治石以广其传，是不特宝玩其书法而已也。嘉泰甲子（1204）十月既望，奉议郎知临安府余杭县主管劝农公事，王允初谨书。

从跋中所称正观、魏證两处避宋代两皇帝名讳的做法，也表达他对宋朝的热爱。唐太宗《屏风帖》真迹和石碑的经历，却同样是国家灾难历史的见证。南宋书法家、收藏家祝宽夫的先后相去12年的两跋都说了《屏风帖》的劫难，并且记述得很详明。

祝宽夫第一跋云：右唐太宗屏风书余从兄季平家所藏，盖从祖绍兴初为江西漕属，以重赂得于北人之南渡者凡十一幅，皆绢素也。其上杂绘禽兽水藻之文，犹隐可认。按《唐会要》：贞观十四年（640）四月二十二日上自为真草书屏风，以示群臣，笔力遒劲，为一时之绝，自正观至今盖五百四十有三年矣。真书者不复见，而草书仅存此而止，诚可宝也。余从季平假观月余，心甚爱之，玩弄不能释手，乃亲摹得此本，而以真本还之。淳熙九年（1182）冬十一月，祝宽夫公济跋。

第二跋云：季平后携游辇下，为好事者攫取之，而不复归。每一怀想，深为叹惜。绍熙甲寅（1194）十月丁未书。

跋中所说的《唐会要》一书，系北宋王溥 (922—982) 著，成书于建隆二年 (961)，那时已经没有唐文皇写的楷书《屏风帖》，只存草书，其楷书可能失于唐亡后的长期战乱。祝宽夫见到《屏风帖》是他从兄季平家的藏品，是其从祖上在绍兴初，以重金从南渡到江西的北方人手中买得的，共有十一幅，非常富丽堂皇，质地都是丝织品绢素，上面有杂绘禽兽水藻的隐约花纹。祝宽夫很喜欢，就借来观赏了一个多月，还是爱不释手，就精心构摹复制了一本，真迹送了回去。第二跋说：12 年后，季平带着宝爱的《屏风帖》真迹到京都去，被强横的人掠夺去了，祝宽夫后悔不已。

现在我们见到的王允初摹刻的《屏风帖》就来自祝宽夫的摹本，并非来自真迹。与王允初同庚的著名文学家、书法家姜夔（1154—1221）在帖后的第三跋中说："若刻之石，当稍出锋铓也。"可见祝宽夫钩摹得是比较好，但笔画看上去钝了些，有些笔锋没有出来，神采可能稍稍差点，所以有此一说。

嘉泰之初，王允初在家丁忧。嘉泰四年 (1204) 在余杭任上，有着强烈的报国之心和恢复北宋时强盛的大国梦想。而偏安的南宋小朝廷自孝宗赵昚登基之初的宏图大志，一经隆兴北伐的失败后，与金国的屈辱议和，结果是：金宋世为叔侄之国，岁贡改为岁币，银绢各为二十万两匹；南宋放弃所占海、泗、唐、邓、商、秦六州，双方疆界恢复绍兴和议时原状。这一打击使孝宗锐气全无，委靡不振，从此妥协议和的主张几乎占领了整个朝廷的意识形态。当王允初见到《屏风帖》时，细读其文，与唐太宗励精图治的强国精神产生共鸣。而一个小县令，小地方又能如何呢？而他很清楚《屏风帖》所书写内容的价值，如得以广传，或于时有补。从王允初自己所写的跋文来看，其书法端严清隽，颇有颜字风骨；而字体修长，点画饬整，又有欧虞体态。他不以书法名世，却是个知书法之人。本着对唐文皇遗文的敬仰，和对书法的精确理解，礼请良工，亲自主持监督精刻了此碑，可能也参考了姜夔的意见。明末大书画家董其昌是个书画鉴赏水平极高的人，对前人遗刻极为挑剔，在他精制的明代名帖《戏鸿堂法帖》中收有《屏风帖》中的部分，是对王刻的高度认可，更可能是比较早的南宋拓本。尽管后世人仅以书法作品视之，有违王公刻石的初衷，总算流传了700多年，而此碑的命运却与中华的历史兴衰高度契合。

南宋亡后，本来立在余杭县衙里的《屏风帖》碑，好像被人遗忘了。直至102年后，延祐丙辰 (1316) 春，元朝的余杭县尹王昌在永安寺里发现此碑，以为"真墨宝也"。王县尹是否如王允初一样做着故国梦，无从得知。他却认为这是珍贵的墨宝，重新搬回县衙。此时《屏风帖》碑已缺了右上角，也称折角碑，依然平静地存着，除《戏鸿堂法帖》有收录外，未见明清其他刻帖里有之。从元到整个明代，因少有人问津，所以也无从知晓这几百年里《屏风帖》碑的生存状态，也少有拓本流传。到了清初，除金石家闽人林佶 (1628—1716)、绍兴杨宾 (1650—1720) 曾提到拓本外，就没有更多石刻的情况了。直到清中后期，著名的学者、书画学、金石大家、名僧释六舟 (1791—1858) 专程去余杭访碑，才看清楚是怎么回事。施蛰存在跋文中说："嘉庆 (1796—1820) 中释六舟至余杭观此石，始知其阴刻宋县令题名，而《屏风帖》面墙而立，转为碑阴，偪仄难槌，仅搨一纸而归。"

王允初以唐文皇《屏风帖》之文自励，践行初心。在余杭刻石两年后的开禧二年 (1206) 初，升任湖北德安府通判。这时由韩侂胄发动开禧北伐失败，金兵十万围攻德安府城安陆，知州李师尹开始出逃。王公稳住这老李，整顿老弱之兵七八千人，开展艰苦卓绝的安陆保卫战，智慧地击退金兵数百次的进攻，坚守城池108天。

也许是王允初的英勇事迹鼓舞了余杭后来的县官，而忘记了前辈所刻的《屏风帖》何等宝贵，曾是激励他实现爱国大志，建功立业的精神寄托。

把两位王姓前辈题跋的碑阴面世，以示尊重，而正文却面于阴暗，很少有人能识唐文皇珍贵文翰的气象了。六舟和尚辛苦地找到是碑，发现此碑后面空间窄小，活动受制，尽管这和尚办法多多，也只是千辛万苦才拓得一张，遗憾而归。这也不算是坏事，少人知道，就少了破坏，到此王公之所刻，应当还保持了比较好的状态。这时满清政府开始积贫积弱，一百多年后，中华民族遭受了史无前例的外侵，1937年日军侵占余杭，大肆焚掠，县衙全毁，原碑不知去向。新中国成立后，大家没有忘记这一浙江的历史名刻，余杭县人民政府许以重金，几十年来寻访《屏风帖》碑刻的下落，至今尚无结果。余杭人只好重新摹勒旧拓本，重新刻立《屏风帖》碑，立于文渊亭。

我们现在见到的《唐太宗屏风帖》，据施蛰存(1905—2003)先生在帖后的长跋中说，乃是清嘉庆道光年间的旧拓本，为大收藏家、学者周退密所有。从周老先生69岁到90多岁的4通题跋来看，是为其极珍视之物，比较好的拓本。而施跋中提到另一个更早的拓本，却与我们永嘉的一前辈有关。一代祠宗夏承焘(1900—1986)先生，对南宋著名词人姜夔研究成就斐然，撰有《姜白石词编年笺校》《白石歌曲旁谱辨》等姜夔词的专著。20世纪50年代，施蛰存先生被打成右派后，50余年蛰居杭州，与在杭州工作的夏先生是好友。一日施先生在旧书摊里见到一本《屏风帖》，心生欢喜，而嫌其蛀蚀严重，犹豫再三，没有买成。不几日，他会晤老友，得知夏先生正在编辑姜夔的文字，却不知姜夔在此碑后有三通题跋。两先生惊喜异常，夏先生急忙去旧书摊买回这本品相不怎么好的旧拓。1986年，夏先生逝世，就不知此本去向如何了？好在夏先生文章书法都是一等的大家，有了同乡夏先生这个旷世的知音，王允初和他的《屏风帖》似乎也并不寂寞。

草圣诗僧一上人

◎ 高远

当年，初读《永嘉县志》时，从人物传中，乍见一訾光名字，就对此人此名大感兴趣。想起了一句话"巧言辩兮"，大概是辩字的异体，经查果是读辩，还是北魏人造的。佛陀告诫不执著、不分辩，这和尚倒好，名正即辩，还是巧言之辩。而名号用字有专属性，不可随便改为辩字。初唐时期，永嘉的大德高僧玄觉，发明心地，实修妙悟，契证菩提。受其影响，出现了不少具有深刻永嘉禅宗特色的高僧，訾光就是其中之一，以禅习书，以书证道，而登彼岸。

历代《永嘉县志》里，宋以前的人物传记不多，訾光算是幸运之人，经历千多年的风尘，还被记得，弥足珍贵。小传简单，聊胜于无。后来翻到《宋高僧传》才有对这和尚比较详细的记述。

《宋高僧传》载：释訾光，字登封，姓吴氏，永嘉人也，唐史官左庶子兢之裔孙也。幼舍家于陶山寺剃度，居必介然不与常人交杂，好自标遇，慢易缁流。多作古调诗，苦僻寡味，得句时有得色。长于草隶。闻陆希声谪宦于豫章，光往谒之。陆恬静而傲气居于舟中，凡多回投刺且不之许接。一日设方计干谒，与语数四。苦祈其草法，而授其五指拨镫诀。光书体当见遒健，转腕回笔非常所知。乃西上昭宗 (889—903) 诏对御榻前书，赐紫方袍。后谒华帅韩建，荐号曰广利。自华下归故乡，谒武肃王钱氏，以客礼延之，而性畔岸弗惬王情，乃归甬东终焉。有文集知音者所贵，出笔法弟子从瓌、温州僧正智琮，皆得墨诀。有朝贤赠歌诗，吴内翰融罗江东隐等五十家仅成一集。时四明太守仰诠素重光高蹈，躬为丧主理命令葬。后三年准西域焚之发棺俨若生相，髭发爪皆长。茶毗收舍利起小塔焉。则后唐长兴 (930—933) 中也。

从文中可见，曇光的来历不凡，祖上吴兢 (670—749)，开封人，是盛唐时的学者名臣，代表作有《贞观政要》。而他的后代是什么原因什么时候迁居永嘉什么地方，史籍无考。曇光生活在晚唐，与吴兢相距 200 来年，起码已经是七世孙了。曇光年幼时就舍弃家业当了小和尚，在陶山寺剃度，可见他已经是土生土长的永嘉人。温州叫陶山的地方有几个，一个在瑞安，现在最有名；而瑞安县在唐时早有了，就行政区域而言不在永嘉范围，肯定不是永嘉的陶山。清永嘉释莲舟编纂之《大若岩记》中"西有陶山"一说，看方位应在茗岙一带，曾是陶弘景种稻处，或许其山是名，而无迹可考。从文中"舍家于陶山寺"，以就近的原则来看，此地当在唐时窑场遍布的温州西山。出家长大后的曇光和尚，自视甚高，所居之处，远离凡尘，不与平常百姓杂住在一起，同时对一般的和尚更不以为然，缺乏热情。这背后说明曇光是个刻苦学习的人，不喜欢为平常人、琐碎事所累，专心修学，于佛法修持之外，古调诗写得很好，冷峻寡淡，颇有僧人风致。字也写得好，是个了不起的书法家。文中所谓的草隶，是宋以前人对行书的说法，而非隶书。

中国书法，自王羲之的书圣地位奠定后，经历代文化领袖和李世民等帝王的推崇，唐代王氏书法成为书学正宗，学书者以窥得王氏之法为最高追求。事实上其核心的王氏笔法却是秘传，非至亲之人是无法得以授受的。据说王羲之的笔法，传王献之后单传到隋僧智永，智永传虞世南，虞世南传外甥陆柬之，后传至张旭、颜真卿、柳公权，传到五代杨凝式后，戛然而止，此后无传。这些人物都是书法史上的大家，到宋代出现能接余绪的苏黄蔡米四大家后，王氏笔法式微，导致宋以后的中国书法江河日下，成就不如从前。

临池不废，沉醉书学，几成书痴的永嘉和尚瞖光苦心孤诣地思考着怎么得到王氏的独门笔法呢，成了心病一桩。世传当时的陆希声是陆柬之的后人，深得王氏秘法，以书法闻名于当时。

陆希声，字鸿磬，唐苏州吴县人。博学善属文，唐昭宗（888—904）时显宦，历官同中书门下平章事，太子太师。家世有书名，六世伯祖柬之以书名高天下。高祖父陆景融博学工书，至希声一出，遂能复振家法。

一个地处东瓯僻壤的和尚，闻知陆的书名，要想见到陆大师，得其笔法传授的运气接近于零。瞖光是不灰心的，总是在想方设法，达到了死不休的程度。陆居京官要职，距永嘉路遥三千里，侯门深如海，瞖光一个普通和尚往见是不可能的，又落下心病一大桩。天可怜见，此时机会来了。仰仗祖上历世做大官的余荫，一直做官做得顺风顺水的陆希声不知什么原因，从京官被贬到江西豫章当地方官。于是瞖光振锡持钵，跋涉千山万水，到了豫章，探访到陆的行踪。当他兴奋地向停泊在江边的官船上递进名帖时，身于舟中的陆大师骄傲得很，理都不理他。瞖光不气馁，接连几日，日日求见，递了不知多少次名帖，就是不许接见。瞖光这回是深入宝山，焉能空手而归呢？于是激发起佛陀教诲的无畏精神和无上智慧，一日设法硬闯入舟，诚心苦求草书秘传之法。终于感动了骄矜的陆使君，以秘传数世的五指拨灯法相授。

所谓的五指拨灯法，历来各家都有不同的解释。

中国用植物油照明的历史悠久，灯具形式丰富多彩，材质多样。一般由灯台、灯盏、灯芯、燃油构成，著名的汉宫长信宫灯的别致处是很有环保意识地在上部多造了一烟道。为了用灯安全，光照效果最佳，就要经常手拿竹签把沉浸于油中的灯芯拨出距油面适宜的长度，以达到省油又最明亮的效果。灯芯是圆形轻质物，五指掌控竹签移动时，用力过猛则易致不正，或出挑太多，可能会造成无妄之灾，当然不行，所以举轻若重，如何控制五指合宜出力，成为一件不能轻视的事。可能是王羲之把挑灯芯的技术贯通到执笔写字的过程中去，写出了神采非凡的字，就总结出这套办法。五个手指各有功用，一般说是擫、押、钩、抵、格。食指拇指相向执笔，中指稍钩住，无名指抵笔管内侧，小指尖靠在无名指尖，然后指实掌虚，齐力控笔，在运笔的过程中针对不同的笔画分别使用推、拖、捻、拽等动作，无往不复地完成书写过程。这种执笔用笔的方式，现在大凡写毛笔字的人，基本上都能从老师那儿得到传授，也能掌握，不是什么秘密的事。但现在人写的水准始终达不到古时大家的书法水平，这里面可能还有很多传承，被省略了。而实际上端坐桌案前正笔而书的写字方式，宋代才形成，比较适合五指拨灯法。而王羲之、晷光时代多站立而书，或凭几而书，五指执笔之法，就显得行笔拙重，心手不畅。所以这五指拨灯，也是后人自道的。否则陆晷二人仅此一传，立见华丽超越，难以令人信服。

晷光得到陆大师的传承和指授，或说是多年的习书实践，在此得到印证。此后，晷光如醍醐灌顶，豁然开悟，细心揣摩，如法一写，不觉书艺大进。其传中说是："光书体当见遒健，转腕回笔非常所知。"这件事的经过和结果，颇似永嘉大师玄觉往曹溪从六祖惠能处一宿证得无生之道的记载，晷光书法也是一见陆大师后"当见道健"，笔法传授不重要，霅光的书道得到印证是关键，即后来说的"成于了悟，非口手所传"。

没过多久，当陆大师见到这和尚弟子的书法大惊，当时就写《寄霅光上人》诗表扬他道：笔下龙蛇似有神，天池雷雨变逡巡。寄言昔日不龟手，应念江头洴澼人。意思是说你如今笔下龙蛇飞动，势如惊雷止雨，神气非凡，可不要忘记当初在江边船中为你说法传经的我陆某哦！

如果说盛唐以李杜为代表的诗坛在中国是如日中天，那么晚唐的诗坛并不是黑夜，也是为霞满天的傍晚，焕彩神州。当时的代表诗人司空图、贯休、罗隐、吴融，由诗书因缘与霅光成为好友，这些诗人见到这和尚诗书的感觉，无异于当年贺知章见到李白，纷纷誉之以诗。彼是诗中谪仙，此亦书中草圣也！诗歌是整个大唐的文艺顶层，可信度与传播能力强劲，霅光的书名，凭借这些俊友的诗情推介，上达天听，唐昭宗（888—904）即诏请这永嘉和尚西上朝堂，在御榻前宫墙上挥毫作草书。只见这和尚手掣风雷，笔走龙蛇，直写得云蒸霞蔚，海奔山立；光冲斗牛，锦绣满壁。皇帝深为感动，当即御赐紫方袍一袭，以示嘉奖。于是霅光名声大噪，风头无两。和尚毕竟是和尚，总是理性居多，没有忘记时刻观照自己的内心，没有被荣誉蒙蔽心眼。在见到军阀韩建（855—912）后，深得褒奖，进誉宝号广利。他也厌倦了终日被人追捧的生活，卓锡东归故乡，继续参悟书道。当时的五十多位文士诗人，写诗赠别霅光，也可见霅光在后唐是名重文艺高地京都的草书僧。霅光到杭州后，受到吴越王的接见，却因他行为放纵，出言不逊，使王者不悦。留不得也么哥哥，就去宁波国宁寺继续他的僧侣生涯，不久就在彼涅槃了。长兴四年（933）十二月，吴越重臣仰仁诠出任四明太守，此人一向看重霅光超迈洒脱的个性，就亲自为之主持操办丧礼，崇高地安葬了这个永嘉的得道和尚，可见其卒于是年十二月。三年后按照佛教仪式火化其遗体，打开棺木，只见霅光状貌如生，头发胡须指甲都长得长长的，火化后得到不少舍利子，被收集起来奉安于宝塔中。舍利子是僧人悟道成佛的标志，是詧光禅修圆满的结果，可见此僧已经证得菩提，超凡入圣。詧光本有诗集和论诗书的文章，合为一卷，为当时的朋友所珍视，可惜后来散失无传。他生前把自己平生所受秘传和参悟所得用笔用墨的秘诀传授给自己的弟子从瑰和温州管理僧人的长官智琮。至今温州学书有成者仍汲汲于以王字为书法正道的做法，不知与詧光是否有关，是冥冥中的事啊！

中国草书的发展历史自成轨迹，从大篆、小篆、隶书到楷书，同时都有简便写法的草书，且自有传承发展的脉络，现在的章草就是隶书的草书，我们现在见到的草书，相当一部分的写法与现行楷书行书符号无关，如举字的草书符号，写成上乙下未。所以看待草书的优劣要别于其他字体，可能更加能体现书为心画的审美原则。

宋米芾有一个著名的《论草书帖》云：

草书若不入晋人格辙，徒成下品。张颠俗子，变乱古法，惊诸凡夫，自有识者；怀素少加平淡，稍到天成，而时代压之，不能高古；高闲而下，但可悬之酒肆，詧光尤可憎恶也。

米芾主张草书要有晋人格调韵致，才称上品，并举例张颠、怀素、高闲及辩光四人的草书，说："高闲而下，但可悬之酒肆，詧光尤可憎恶也。"这一看法是很偏颇的，老米本来就是一个思想行为极端的人，他的看法说法往往过头，有失公允。在苏黄蔡米四人中，无论官位功业、学问文章、书艺人品，老米都是垫底的，因他是文艺皇帝宋徽宗的身边人，说话有杀伤力，被他一言而废的好书家及好书作颇多。同时，很多历史上流传下来的法帖被他弄没了，就自造一帖代之，使今人无法一窥那些历史名帖的真容，以讹传讹，贻害非浅。老米擅长行书，从他这幅草书而言，也只能以行书之法写草书，固非他所言的入了"晋人格辙"。如果詧光的草书尚有传世，是一定要比他老米高明得多的。

　　晉光有幸得到王羲之的笔法传承，是宋后学书者钦慕的事，其书法成就也得到后世的认可。杜甫《饮中八仙歌》中称：张旭三杯草圣传，后世称草书艺术高卓的人为草圣，一般认为只有汉张芝，唐张旭、怀素三人配称。司空图的诗《晉光大师草书歌》云：羸病爱师书劲逸，翻作长歌助狂笔。乘高攙鼓震川原，惊迸骅骝几千匹。落笔纵横不离禅，方知草圣本非颠。歌成与扫松斋壁，何似曾题《说剑篇》。晚唐著名的诗僧贯休的诗《晉光大师草书歌》末云：大师草圣气偏高，一掬山泉心便足。两人的诗歌都对晉光的草书给以极高的评价，达到了草圣的境界。司空图以其经典《二十四诗品》奠定了中国诗歌美学的鼻祖地位，贯休是晚唐著名的画僧，两人对书法的审美眼光毋庸置疑，包括诗人吴融都以诗歌表达了晉光的草书高度审美特征，线条遒劲，对比强烈，墨色丰赡，浓淡多变，沉着灵动，起伏跌宕，开合有度，意气风发。

　　吴融《赠广利大师歌》曰："崩云落日千万状，随手变化生空虚。海北天南几回别，每见书踪转奇绝。"贯休形容其草书："海上惊驱山猛烧，吹断狂烟著沙草。江楼曾见落星石，几回试发将军炮。别有寒雕掠绝壁，提上玄猿更生力。又见吴中磨角来，舞槊盘刀初触击。好文天子挥宸翰，御制本多推玉案。晨开水殿教题壁，题罢紫衣亲宠锡。"吴融还认为晉光的草书继承了贺知章的草书精神境界，贺视富贵如浮云，而晉光也能弃尘世如脱屣，两者之间是相通的，因而吴融的《赠晉光上人草书歌》中盛赞其草书："稽山贺老昔所传，又闻能者惟张颠。上人致力应不下，其奈飘飘沧海边。"吴融在人品书品上把晉光视同于心中高标的贺知章，他的《览晉光上人草书想贺监赋》中，予以最高的赞颂。其中有云："飞文络绎，风雨随生；鱼龙互掷，涛奔走浪"，"援毫既罢，悦目忘疲。满堂生金石之宝，出世掩鬼神之奇。山掩枕歈，云情自远，鹤态能羁"。极言其草书之精，境界之高，看到这么美妙的草书，直是人间至高至美的享受了。于吴融这样身份的诗人而言，想必不是妄语。

宋《宣和书谱》载，唐代有善写草书的二十人，其中僧人有八位，草书成就突出的有怀素、亚光、高闲、贯休、亚栖。北宋画家刘泾所著《书诂》一书中，把怀素比玉、亚光比珠、高闲比金、贯休比玻璃、亚栖比水晶，以此来说明这几人草书自有面目，同为不可多得的珍宝，足可说明其草书成就之高。从这一排名可见，亚光在唐代的草书地位仅次于张旭、怀素，而不是老米所说的"但可悬之酒肆"的俗不可耐。可惜的是现在我们还能看到怀素、高闲的草书墨迹，而遗憾亚光草书墨宝，已湮没在历史的长河，无缘再见。

《宋高僧传》描述出亚光和尚不是一个感情浓烈的人，理性孤冷，没有什么恶习，只热衷于学书、作诗、参禅，所以他的诗写得冷淡，也符合一僧人身份，我们不能以世俗的眼光看他，否则就成绮语破戒僧了。贯休说他：雪压千峰横枕上，穷困虽多还激壮。看师逸迹两相宜，高适歌行李白诗。这是他的人生态度和生活状态，提高盛唐高适和李白高度，固有溢美，也不失中肯。同样，亚光是一个特色鲜明的诗僧，吴融《赠广利大师歌》中盛赞亚光的诗：近来兼解作歌诗，言语明快有气骨。坚如百炼钢，挺特不可屈。又如千里马，脱缰飞灭没。好是不雕刻，纵横冲口发。昨来示我十余篇，咏杀江南风与月。乃知性是天，习是人。莫轻河边杀羊历，飞作天上麒麟。但日新，又日新，李太白，非通神。

也许只有吴融这等知音能读懂亚光，有捧此贬彼之嫌，但也反映了在诗歌没落的晚唐，亚光的诗在吴融的眼中无疑是一朵璀璨的晚霞。

传中说亚光"有文集知音者所贵"，其诗书既高，无外乎识见高明，其持论为文，也自有一番真知灼见。司空图《送草书僧归吴越赋》云："亚光僧生于东越，虽幼落于僧，而学无不至。故逸迹遒劲之外，亦恣为歌诗，以导江湖沉郁之气，是佛首而儒业者也。"所谓佛首而儒业，是说睿光学问通达醇正，但并非远离世务，而是有引导担当情怀的。司空图认为这和尚朋友的诗歌理论高明受用，把亲笔写给他的草书《诗论》，视为珍宝，悬挂壁间，以为座右。或许给了他创作《二十四诗品》有益的启发，而此文中表现的意蕴似乎也充满了禅意的空灵洒脱，不正是睿光的真实吗？

睿光的诗文、书论、诗论，我们是见不到了。《宣和书谱》载睿光的朋友学者杨钜的《赠睿光草书序》云：以性之与习，自是两途；有字性不可以无学，有字学不可以无性。故其为言曰，习而无性者，其失也俗；性而无习者，其失也狂。此言当然是对睿光为人为学为书的精准评估。其实以睿光为代表的晚唐禅僧在"性"与"习"中更注重性，只有通过见性才能领悟书道的真谛，书家首先要发明自己内心具足的真我，从而彻悟书法三昧，然后才能心手笔贯通畅达，以臻无上书艺，这是禅宗意识对僧人书法理论的提炼。清康熙御定《佩文斋书画谱》一书，引睿光论书曰："书法犹释氏心印，法于心源，成于了悟，非口手所传。"在睿光看来，书法犹如禅宗以心传心的印心法门，是不可教授只可心悟的艺术形式，禅与书、书与禅是浑然一体的。不妨把禅与书法视为体用之辨正，那么以禅的内核为世界观，以禅的修持为方法论，是书法的本体，是指导书法创作的源泉；书法是禅的实践方式，是表现禅的最佳方式之一。那么睿光在参禅和习书的统一状态，以禅习书，以书参禅，达到了两者的同步提升。康有为在《广艺舟双楫》中说："书法亦犹佛法，始于戒律，精于定慧，证于心源，妙于了悟，至其极也，亦非口手可传焉。"康有为可谓是睿光的旷世知音，正如《永嘉证道歌》中的禅唱，行亦禅坐亦禅，语默动静体安然。那么，不妨说身为草圣诗僧的睿光是永嘉禅的践行者和成就者。

丘迟与《永嘉郡教》

◎ 柳一村

梁天监四年（505）冬，梁武帝命令临川王萧宏率军反攻北魏。次年暮春，两军在寿阳（今安徽寿县附近）摆开阵势，准备厮杀。

当得知北魏守将正是从梁朝叛逃过去的陈伯之时，萧宏心中有了底，他知道陈伯之是一个反复无常的小人，唯利是图，根本没有什么主见。于是，萧宏让秘书写了一封劝降书送过去。果然不出所料，接到这封信后，陈伯之很快就率部下8000人归降了梁朝。

兵不血刃，只说了几句贴肉贴心的甜净话儿，就把事儿给摆平了。这是中国军事史上最成功的劝降书，也是笔杆子胜似枪杆子的最好例子，大可为天下读书人吐气。"暮春三月，江南草长，杂花生树，群莺乱飞"。单说这几句，想必人人耳熟能详。是的，这花团锦簇的文字即出自《与陈伯之书》一文，而它的作者正是临川王萧宏的随军秘书丘迟。

丘迟（464—508），字希范，吴兴乌程（今湖州）人，是南北朝时梁朝著名的作家。父亲丘灵鞠，你却千万小觑他不得，也是一位响当当的人物呢。早在齐朝时，丘灵鞠就担任骁骑将军，但他以文人自居，很看不起这个武职，曾经对人说：“我真想去挖了顾荣的坟墓。江南地方千里，一班风流倜傥的才子都出生在这里。是顾荣领了北方的大老粗渡过长江，才妨碍了我辈仕途。”有一次，丘灵鞠在沈深家中做客，看见王俭的诗，沈深说：“王俭文章最近大有进步。”他笑着说：“还不如我未进步时呢。”

老子英雄儿好汉，说丘迟是个神童也不为过。他 8 岁就能写得一手好文章，他父亲看了以后颇为得意：“气骨似我。”丘灵鞠是什么气骨？我没有看过他的文章，不好说，只是觉得他的口气里骨子里挺狂的。我也没有看到丘迟早年的文章，否则真想看看他到底如何像他老子气骨。

梁天监三年（504），也就是写《与陈伯之书》的前两年，41 岁的丘迟出任永嘉太守。

上任伊始，作为一郡之长的丘迟雷厉风行，立马贴出了一张公告：

贵郡控带山海，利兼水陆，实东南之沃壤，一都之巨会。而曝背拘牛，屡空于畎亩；绩麻治丝，无闻于室巷。其有耕灌不修，桑榆靡树，遨游廛里，酣醑卒岁，越伍乖邻，流宕忘返。才异相如，而四壁独立；高惭仲蔚，而三径没人。虽谢文翁之正俗，庶几龚遂之移风。

这就是丘迟的《永嘉郡教》。

教，是古代的一种文体，是官府对百姓的晓谕和劝诫，有点像现在的政府公告。对于当时的永嘉人来说，看懂这公告并非难事。但是，毕竟 1500 多年过去了，现在能轻松看懂的人估计不会太多。既然如此，明知吃力不讨好，我还是对这张公告进行一番粗粗的解读吧，咬文嚼字，则吾不敢:

你们永嘉靠山面海，水陆交通都很便利，实在是东南一带的沃土和大都会。可是，田野里却看不见有人在放牛耕作，深巷里也听不到有人在纺线绩麻。没有耕作灌溉，没有栽桑种榆，整天游手好闲，常年酒气熏天，东窜西窜，不知回家。没有司马相如那样的才气，却像他穷得家徒四壁；没有张仲蔚的高雅，却像他院子里长满了蓬蒿。虽然我不能像文翁治理蜀郡那样有成效，却也希望能像龚遂任渤海太守一样，能改变当地的风气。

一开头，丘迟对永嘉山川大加赞美，这赞美从心底发出，毫不矫情。接下来，丘太守把脸一沉，把永嘉人好一顿训斥：男不耕，女不织，统统是贪吃懒做嬉嬉荡荡的货色。最后，丘迟表示要移风易俗，彻底改变永嘉人的面貌。《永嘉郡教》全文总共才98字，可见丘迟真个惜墨如金。虽然是四六骈文，却好比走盘明珠，若非斫轮老手，焉能轻易到此！

自古以来，中国就是农业大国，《豳风·七月》是最早的一首农事诗，描述的是3000多年前的生产情形。贾谊《论积贮疏》："一夫不耕，或受之饥；一女不织，或受之寒。"饥寒交迫，必生事端。如果饥寒交迫的人多了，就像蚂蚁多了也能搬山一样，他们斩木为兵，揭竿为旗，那皇帝老儿这把龙椅坐得就不稳了。因此，历朝历代的统治者，都非常重视农业生产。可以这么说，地方官员的第一要务，就是劝课农桑。作为太守，丘迟看到永嘉人的这种懒惰相，心生焦虑，也在情理之中，于是出来张贴公告，以示守土有责。我想，自东晋太宁元年（323）设永嘉郡以来，类似的公告还不知道有多少呢，只不过这些公告早就销声匿迹，唯独《永嘉郡教》却赖丘迟的生花妙笔而得以流传至今。

不过，我心里始终有一个疑问，当年的永嘉人真的像丘迟所描述的那样吗？

虽然没有当过农民，但我知道当农民的不容易。晁错在《论贵粟疏》中这样描述农民："春耕，夏耘，秋获，冬藏，伐薪樵，治官府，给徭役。

丘迟与《永嘉郡教》

春不得避风尘，夏不得避暑热，秋不得避阴雨，冬不得避寒冻。四时之间，亡日休息。"一个农民，虽然不一定真的"四时之间，亡日休息，"却总以雨打日晒辛勤劳作的日子居多。如果农夫农妇都像丘迟所说的那样，不耕不作，不纺不织，那一家人吃什么？穿什么？说得大一点远一点，哪里来的千年瓯越文明史？所以，我认为丘迟看到的应该是个别现象，因为是作家，夸张是他的本行，就顺口把芝麻说成了西瓜。

这也难怪，如果没有这手段，他能把在北魏混得好好的陈伯之给忽悠到梁朝来吗？

2023 年 11 月 7 日

祖父徐象藩官迹考证

◎ 徐顺逵

前言

1983 年，从工作了 18 年的新疆阿克苏调往江西景德镇市工作，父亲闻之，笑着对我说："你这也算是落叶归根了"。即讲述了清末民初时，祖父徐象藩在江西做官，还担任过浮梁知县并兼任御窑总监，他幼时随父母就住在景德镇御窑官邸云云。我在江西工作的十年间，因顾及祖父系旧官僚，也就没有刻意去寻找其生平轨迹……

前些年去温州永嘉枫林，参观曾祖父徐定超纪念馆，发现有关祖父徐象藩的若干历史资料甚缺。与永嘉政协文史委徐逸龙先生面晤后，他也嘱托我写一些有关祖父徐象藩的文章。而我是在祖父徐象藩作古三十年后才出生的，祖父在世的为人处世都是听父母讲述，略知一二。经查阅曾祖父徐定超的生平事迹的文献资料中，涉及祖父徐象藩的有关章节，并专程去景德镇市档案馆、地方志办及浮梁古县衙等地寻访，但清末民初的有关历史资料尚缺失。

后在原江西工作时结识的朋友帮助和提示下，从上海图书馆查阅清末民初的《江西官报》《申报》等报纸杂志，以及在南京"中国第二历史档案馆"调阅有关档案，初步厘清了祖父徐象藩官宦生涯的历史足迹。本人对有关文献查证时，亦发现有些资料，由于对年历的误读，记载亦不甚准确。诸如祖父徐象藩的卒日都有不同的记载，现根据其殁于其父徐班侯被难周年家祭后当晚，即民国戊午马年十一月二十三日亥时（公元 1918 年 12 月 25 日），遂带族人，冲向英轮，被英人枪杀之时为准。为保证引用文献资料的可追溯性，摘录文字以原影印件整理，均注明出处。年考采用公元纪年。祖辈们的口述均列为【逸闻】。

徐象藩，字屏臣，名翰青，邑庠生。[1]

【生卒】公元 1869—1918 年。

生同治己巳年十月初五午时（1869 年 11 月 18 日），卒民国戊午马年十一月二十三日亥时（1918 年 12 月 25 日）。配娶永嘉东山下盐场大使杨树芳公长女诰封恭人晋封淑人为妇。杨氏早逝。育有一子徐伯勤。

续娶郡城甜井巷萧氏。"萧氏原为江苏太仓人，祖父萧大烈公被太平军俘作'文案'，辗转至浙江永嘉，太平军败，逃出，遂在永嘉落籍，配永嘉西溪黄氏，生萧氏及萧鸿声公（配林氏生二子。长子萧铮三岁时，因先父染虎疫逝世，遂随其姑丈徐象藩生活，后娶徐玉我为妻）。姐弟二人甚和睦，家住城内甜井巷。"[2]生三子：徐望孚、徐贤任、徐贤修。

续娶郡城马氏。马氏染病故世，未生子女。

---

① 明清时期称州县学为邑庠，秀才也叫邑庠生。
② 据萧铮《萧母林太夫人百龄年谱》第 1 页。

续又娶郡城林氏。生二女：徐玉我、徐行之。

旋林氏又故世，萧氏视其女若亲生者。

"清光绪三十年（1904），报捐花翎四品，办理广西税赋，继任直隶州知州。曾任浙江永嘉县丞、广西古宜、永福，江西浮梁、信丰、宜春、永修等知县（县知事）。1911年，加入同盟会。担任温州军政府参议处参议。卒前任江西审议统税局长。"①

公元1869年（同治八年己巳）

是年十月初五日（11月8日）午时，"长子徐象藩生于温州永嘉枫林。幼年，家境堪忧，幸由先母胡氏襁褓抚育，哺乳躬亲。象藩小时，聪明能干，个性刚强好动"。②

唯谨记"勤读书，多吃亏"之祖训。"先中宪大夫讳存智、世英，字哲人。世居永嘉北乡之枫林镇。我祖勤俭居积，岁以其赢贷邻里，取息给用，裕如也。然性慈，有贫不能偿者，即缓之或为焚券。病卒前三日，取旧时债籍悉焚之，人问其故，曰账目纠葛贻害后人，我所不取。弥留之际，仅以'勤读书，多吃亏'相嘱"。③

曾祖父徐定超经常教育子女们："每令读历史、舆地、算学等经世有用之书。勿事章句，专弋取功名之计。"④

公元1884年（光绪十年甲申）

计自甲申携眷入京供职，垂二十年，先君（徐定超）先母以薄俸所入，

---

① 江西人民出版社《浙江古今人物大辞典下》下，第741页。胡珠生《徐定超年谱简编》，《监察御史徐定超》，学林出版社，第393页。枫林《徐氏宗谱》及《中国第二历史档案馆藏卷宗11090号》

② 徐御静《徐象藩传略》，《永嘉文史资料》第四辑《永嘉历史人物》第81页。

③ 徐定超《先中宪大夫兄弟五人合传》，光绪三十四年六月上浣日。《监察御史徐定超》第245页。

④ 徐象藩、徐象标、徐象先《哀启·行述》，1918年1月7日。《监察御史徐定超》第328页。

培养子女，周恤亲朋，茹苦含辛，不改其乐。至是经济稍裕，遂领南苑荒地六顷，招工开垦，春种秋收，躬亲操作，自食其力。常谕不孝象藩等，以勤、俭、耕、读四字为传家之本。①

公元 1898 年（光绪二十四年戊戌）

右直隶新海防案内报捐永嘉县丞（官阶八品）。

公元 1899 年（光绪二十五年己亥）

冬间，哥老会②首宋左亭潜匿楠溪枫林一带，徐象藩时任团营试用县丞，督率民团奋勇追捕宋左亭及其余党，在驻防湘军的协缉下，始就擒获。宋左亭因伤重毙命。

"温州府知府王琛禀称，永嘉县属地方冈岭重叠，最宜容匿奸宄。上年冬间，经防营稽查，有匪徒在该县楠溪一带煽惑乡愚，散发飘布，当饬县密谕团营购线，会营缉拿，旋探匪首宋左亭在距楠溪相近之枫林地方潜匿肆扰。经团营试用县丞徐象藩率带民团前往兜捕，一面由驻防湘军云字右旗管带、分省试用同知廖雄瀚拨勇协缉，该匪宋左亭初犹力图窜逸，继经徐象藩督团奋勇追捕，胆敢持械抵拒，格斗致伤，始就擒获，余党解散，于该匪身畔搜出铜质伪印并起获令箭，伪札飘布上有崇华山麒麟堂字样，词意悖逆，讯据供认匪首散发飘布多张不讳，旋因伤重毙命，禀驻臣札饬戮尸。枭示。"③

公元 1900 年（光绪二十六年庚子）

---

① 徐象藩、徐象标、徐象先《哀启·行述》，1918 年 1 月 7 日。《监察御史徐定超》第 323 页。

② 哥老会，源于四川，是近代中国活跃于长江流域，声势和影响都很大的一个秘密结社组织。对清朝末年的革命有着巨大的影响。哥老会的飘布上标有山堂香水及堂名，用来识别表明身份之用。

③ 《京报全录》，《申报》1899 年 3 月 18 日，第 14 页。

徐象藩因上年在温州办理乡团练，缉获哥老会首宋左亭案得力，被保任知县（官阶七品）。徐定超夫妇谕云："除暴安良，保卫桑梓，固所乐闻。但贪天功以为己力，非予所期！于我子仍当以读书待时，毋出问世！"①

"徐象藩遵其父命，暂未赴任，毅然参加纪念林则徐的御海抗英反帝斗争"。②

【附圖】此系被保任知县的御批牌匾，现存于永嘉枫林徐氏贞二房祠堂。

公元 1901 年（光绪二十七年辛丑）

徐象藩赴部引见，签发江西。

光绪二十七年（1901），在顺直善后赈捐案内，报捐指省江西补用。十月，在江西筹赈输案内报捐同知衔。③

"续录分发人员验看单，知县，以景福广西福建，徐象藩浙江江西。沪北天后宫前广善堂司董严信厚、施则敬、朱佩珍、唐荣复等谨志。"④

将临行，徐定超谕之曰："不患儿等不能为官，惟患儿等不能为人，

①　徐象藩、徐象标、徐象先《哀启·行述》，1918 年 1 月 7 日。《监察御史徐定超》第 329 页。
②　徐御静《徐象藩传略》，《永嘉文史资料》第四辑《永嘉历史人物》第 81 页。
③　宣统元年（1909）重修枫林《徐氏贞二房谱》。
④　《申报》，1901 年 12 月 24 日，第 3 版。

汝其勉之！"①

公元1902年（光绪二十八年壬寅）

徐象藩"由增生累捐知县，分发江西补用。历充江西九江湖口梅家洲修理炮台差事，干防御外侮工作。②因湖口地处赣皖鄂三省交界处，历来属兵家必争之地。修筑工事，监修炮台，乃防务之要事。经课吏馆考课，取列一等。"

"永新验收城垣徐象藩，谢酌委一次，指分县丞张旭就近禀到。"③公元1903年（光绪二十九年癸卯）

"奉牙厘茶盐土药统捐总局宪札委调，兼办湖口拓矿土药百货查验卡等差"。"外防内卫，设卡检查，查禁私货，卓有成效。"④

柯逢时片："在广西办理善局，务需人甚多。近由桂林来者，金言候补人员寥寥无几，恐前调之员不敷委用，不得不先行调往，以资得力。江西候补知县徐象藩、江西试用知县沈秉权，皆志洁行超，才堪任事，可否？仰恳天恩，俯臣调往广西差郡补用，出自逾格鸿慈，除咨吏部外，谨附片具陈，伏乞圣鉴训示。谨奏。奉硃批，着照所请，吏部知道。钦此。"⑤

徐象藩"旋由新任广西巡抚柯（逢时）奏调广西差遣补用，充古宜土药统捐分局，差调署永福县知县（官阶七品），嗣仍办古宜百货统税兼统带保商营，调办昭平总查验兼统税卡及膏捐差，以开办统捐统税。"（查

① 徐象藩、徐象标、徐象先《哀启·行述》，1918年1月7日。《监察御史徐定超》第329页。
② 《浙江巡抚使一九一四年保荐徐象藩免试知事的文书》，《中国第二历史档案馆藏卷宗》全宗号1001，案卷号11090号。
③ 《江西官报》，《申报》1903年3月14日第9版
④ 《江西官报》，《申报》，1902年7月11日第9页。《江西官报》，《申报》1902年7月15日第09版。《江西官报》，《申报》1902年12月17日第09版。
⑤ 《京报全录》，《申报》1903年10月7日第12版。

勘英国鸦片、土药入境）①

公元 1904 年（光绪三十年甲辰）

徐象藩调赴广西办理税赋时，"适该省土匪扰乱柳浔一带，商民交困。其至柳州边界查勘情形，条陈保商裕饷办法，遂委统带保商军并兼办古宜捐税局事。该处为贵州入桂孔道，伏莽遍地，商人视为畏途，经该员（徐象藩）扼要设防，运道得通，在差四阅月，比较长征至十余万两之多。"②

"广西巡抚柯（逢时）奏，为开办统税统捐著有成效，收发盈长，各员择优，恳恩奖以示鼓励，恭折仰祈古宜卡员知县徐象藩征收土膏统捐银八万二千三百余两，又长收兼办统税银三千八百余两，省城总局文案委员府经历陈敬方制订章程，悉心规划，并随时核变通兑收，成效均显，尤为出力，详请奏奖。前来臣复核无异，当此匪患未靖，水陆戒严，该员等保护招徕商情踊跃，在边府之区尤为难得，合纸仰超天恩俯准。"③

报捐花翎四品衔，继任直隶州知州（官阶正五品）。④

公元 1905 年（光绪三十一年乙巳）

"是年四月二十日，徐象藩为继承父志，参加保路、保矿护权斗争，竟不惜高官厚禄，借口水土不服，辞去知州官职。"⑤

"以直隶州知州衔，回江西省补用。后奉总办铜圆厂江西巡抚周浩札委，驻萍（乡）采运焦炭差事。"⑥

① 《浙江巡抚使一九一四年保荐徐象藩免试知事的文书》，《中国第二历史档案馆藏卷宗》全宗号 1001，案卷号 11090 号。
② 同上。
③ 《京报汇录》，《申报》，1904 年 9 月 17 日，第 13 版。
④ 清代，直属于省布政司的州称直隶州。直隶州有属县，是相当于府一级的地方行政区；唯其规模略小，政事稍简。知州的官阶为正五品，低于知府。
⑤ 徐御静《徐象藩传略》，《永嘉文史资料》第四辑《永嘉历史人物》第 81 页。
⑥ 《浙江巡抚使一九一四年保荐徐象藩免试知事的文书》，《中国第二历史档案馆藏卷宗》全宗号 1001，案卷号 11090 号。

任江西浮梁县知县，辖景德镇，兼御窑厂总监。

浮梁县"水土宜陶"，在过去相当一段时期内，一直是全国的制瓷中心。朝廷派出的督陶官是正三品，在等级森严的封建社会，正七品的浮梁县令不能直接向督陶官汇报工作，于是浮梁县得以破例被钦点为五品县衙。知县为上邑（即正五品官衔），为中国品位最高的县衙。由此可看出浮梁县当时的政治经济地位之高。

"民前八年（西历1905年），冬，长子（萧）铮生。先父（萧鸿声1907年故）仍经营钱庄。时先姑丈（徐象藩）出任江西浮梁县知县，辖景德镇，以出产瓷器名闻中外。曾约先父赴浮梁任职，而先父以所志不符，仍返温州任钱庄事宜，事业益宏。"①

【帮助】这一段历史尚未查到官方资料，主要是根据姑父萧铮谨撰《萧母林太夫人百龄年谱》之记载，从年时和与萧父的交往来看，这个时间比较合乎逻辑，当时徐象藩的官阶已是正五品，也符合在浮梁县上任的资格。再说萧铮先生的回忆录系以其日记为素材，其年时、家庭情况较为准确，特此引证。

【引证】在清朱镜宙著录《思过斋丛话》记载：清光绪中，（徐）象藩赝江西浮梁县知县，表嫂（萧夫人）随行。②

公元1906年（光绪三十二年丙午）

"以直隶州知州补用，迨署理江西信丰两县篆（政）务，适值南赣一带拳匪滋事，该员（徐象藩）捐廉募兵，节节设防，四境赖以保全。"③

在江西信丰县主政时，受其在浮梁县任职时，景德镇资本主义工商业

---

① 萧铮《萧母林太夫人百龄年谱》第2页。
② 朱镜宙著录《思过斋丛话》147页，乐清朱氏咏莪堂印行。
③ 《浙江巡抚使一九一四年保荐徐象藩免试知事的文书》，《中国第二历史档案馆藏卷宗》全宗号1001，案卷号11090号。

的启蒙，尝试集资入股，兴办企业。试图以此带动信丰县的经济发展。"徐象藩等集股一万两，创办江西吉祥砖瓦公司。注册总号设在江西鸡笼山（今上犹县）。"①

公元 1907 年（光绪三十三年丁未）

徐象藩通电支持浙江护路拒款运动，认购股银十万两。

"清朝末年，铁路收归国有。1907 年，清政府拟与英国订约借 150 万英镑修建苏杭甬铁路，并以出让路权为条件，激起江浙人民的愤怒。要求拒洋款、集民股、保路权，并开展宣传请愿活动。由江浙绅商 160 余人合议创设商办浙江、江苏两家铁路公司，自力筹款筑路。浙江国民拒款会是国内首次成立的群众性保路组织。"②

"旅赣徐象藩大令致拒款会电 杭州国民拒款公会鉴，借款关系全浙命脉，乞坚拒，愿认整股十万元。信丰县永嘉徐象藩叩。"③

公元 1908 年（光绪三十四年戊申）

继任信丰县知县。

"戊申年夏间，长孙象藩委江西宜春（注：应更正为信丰）知县，太淑人喜甚，拟作赣江之游，即于八月二十六日抵郡城。"④

公元 1909 年（宣统元年己酉）

在宜春县发生"毁学事件"时，将信丰县知县徐象藩急调宜春县主持事务，平息事端。

宜春县的毁学事件发生在宣统元年（1909）八月初七至十五，有 28 所学堂停办或不同程度被毁。宜春县令及袁州府知府刚上任不久，就遭遇

①　《北京续农工商部丙午年纪简明表》，《申报》，1907 年 3 月 18 日第 13 版。
　　《农工商部丙午年纪简明表》，《申报》1907 年 4 月 13 日第 10 版。
②　《护路拒款运动》，《浙江大学学报社会科学版》，2013 年第 3 期。
③　《申报》，1907 年 12 月 18 日第 3 版。
④　陈继达《监察御史徐定超》，上海学林出版社，1997 年，第 10、248 页。

祖父徐象藩宦迹考证

此事，想尽力掩盖，不上报至省。不料此事非同寻常，不得不上报巡抚冯汝騤。经查明事实，认定系"苛捐"致使民怨，决定"以抚为安"。"即请旨任命徐象藩主持宜春事务"。江西巡抚冯汝騤会同布政使刘春霖、提学使王同愈、按察使陶人均，将官员周邦瀚、袁州府吴德禄、试用知县善禄一并革职，并究办。所有杂捐，查明停火。

"委署宜春知县徐象藩业已赴任"。除拿问事件为首者晏柏三外，对绝大多数乡民不予追究，所有苛捐杂税一律废止，对士绅卢元弼严加究办。从该处理结果看，明显偏袒乡民。但乡民们对处理结果并不满意，仍有强烈的抵触情绪。

新任县令徐象藩"开诚布公，饬令乡民缴械，并交出首犯"。乡民不但不听，"竟敢乌合聚众持械追击"。[1]"值该县民变，毁学围城，斯时官民交仇，岌岌可危。该员（徐象藩）竟能单骑入境，晓以利害，孚以诚信，乡愚并皆帖服，卒得缴械归农。不烦兵力，渠魁成擒，余众悉散，实属难能。"[2]

宜春民乱案犯解省审办　江西宜春县民因卢元弼等抽收学捐，纠众猖乱一案，起减详情历纪，本报推此案乱自民间。官府希冀邀功，以民为匪，铺张报词，以便案结褒奖之地步，办理清乡，不办虚实。现经冯中丞电饬袁州府余守，转派宜春县徐象藩督弁，将此案未办之要犯十二名押解到省，发府质讯，律政办按办，以昭妥慎。[3]

公元 1910 年（宣统二年庚戌）

再次调任江西浮梁县知县（县知事），辖景德镇，兼管御窑厂。

---

① 《清末新政背景下毁学事件与乡村社会—以宣统元年宜春县为例》，江西师范大学《哲学社会科学版》第 42 卷，第三期。
② 《浙江巡抚使一九一四年保荐徐象藩免试知事的文书》，《中国第二历史档案馆藏卷宗》全宗号 1001，案卷号 11090 号。
③ 《申报》1910 年 1 月 10 日第 12 版，宣统元年十一月二十九日。

行前，徐定超谆谆教导："州县为亲民之官，清、勤、慎三字其要箴也！"①

积极推进江西瓷业公司的成立和运作。当年，江西瓷业公司在景德镇成立，它是景德镇第一家官商合办的新型企业，在体制上率先实行股份制，标志着中国陶瓷业开始进入企业化时代。除张季直（张謇）、袁秋航、瑞华君等社会名流私人集资认股外，官方由河北、湖北、江苏、安徽、江西五省协筹，总投资 20 余万元，并把清御窑厂划归瓷业公司，聘请祁门贡生康特璋主持公司业务。后有"民国官窑"之称。

【逸闻】当时在浮梁时，祖父偕林氏住在浮梁县衙官邸，而祖母萧氏带着二子住在景德镇御窑厂官邸，祖父来回都是从昌江乘坐官船的。

公元 1911 年（宣统三年辛亥）

当年，加入中国革命同盟会。

"前署赣省浮梁县知事徐象藩自述，并未私逃，批呈悉，案关令司饬县查缉，应候该县呈覆，到日核办，所请转咨之。"②

【逸闻】曾听家中长辈戏说："贤修叔是在景德镇倒马桶倒出来的。"原委是：徐象藩从浮梁县衙回到景德镇御窑官邸后，被清晨倒马桶的吆喝声惊醒，起身后，见尚未天明，即转身到萧氏卧房。

自赣返回温州，在其父任温州军政都督时，任军政府参议处参议（徐定超立规：但凡在军政府任职人员均不领取薪饷。）

"民前一年（西历一九一一年），是年（萧）铮年八岁矣，姑家自赣归后，设私塾，请老儒王先生教读，铮附学焉，始读四书及纲鉴。"③

公元 1912 年（民国元年壬子）

① 徐象藩、徐象标、徐象先《哀启·行述》，1918 年 1 月 7 日。《监察御史徐定超》第 330 页。
② 《浙江公报》，1912 年第 134 期，第 7 页。
③ 萧铮《萧母林太夫人百龄年谱》第 3 至 5 页。

祖父徐象藩宦迹考证

徐象藩出任江西永修县知事①。

"中华民国元年（西历一九一二年），姑丈（徐象藩）又出任江西永修县知事，姑母请王老师随往。余（萧铮）亦奉命随往。先姑母随姑丈赴永修县后，不久又生幼儿，名为贤修，以为永修县纪念也。余（萧铮）随姑赴赣，以日间上课晚为姑母读小说《封神榜》《粉妆楼》等书，但姑丈又命余伴下象棋，伊两老曾因此时生龃龉，有一次竟大打出手，余（萧铮）为之骇甚。永修县多盗，姑丈（徐象藩）日间审案，余常在侧听之，一次曾见其着红披风往校场，监斩盗三四人。"②

公元 1913 年（民国二年癸丑）

二次革命③失败后，原任都督李烈钧遭罢免，下野。徐象藩愤而辞职，返回温州。

"徐家在温州窦妇桥（今胜昔桥 32 号）购有大屋兼花园，屋有三进，徐班老夫妇住中堂，（徐象藩）以长房住头进，次叔（象标）早夭，寡妇住二进，三房徐慕初（象先）住三进，一家人口计五十余人。"④

公元 1914 年（民国三年甲寅）

【帮助】有关"徐象藩以免试知事出分发江西"有两种记载：

一是袁世凯宣布解散国会，停止参众两院议员职务，为此徐定超严正声讨袁世凯"今非法解散国会，是破坏约法也"。袁世凯遂以"长子象藩以免试知事出分发江西，三子象先免试知事分发江苏"，拉拢利诱，被徐定超毅然拒绝。他让二子抵制官职的诱惑，明辨是非曲直。⑤

---

① 县知事，官名，负责一县的行政官员职务。清以前称知县。
② 萧铮《萧母林太夫人百龄年谱》第 3 至 5 页。
③ 当时孙中山等国民党人，在中国发动了反对袁世凯的武装革命，又称"讨袁之役"。1913 年（民国二年）7—9 月；李烈钧、黄兴分别在湖口、南京起兵讨袁，形成二次革命（又称癸丑之役或赣宁之役）。
④ 萧铮《萧母林太夫人百龄年谱》第 3 至 5 页。
⑤ 《取友必以端，崇德必努力》，《中国纪检监察报》，2018 年 5 月 17 日。

二是在中国第二历史档案馆查得"浙江巡按使咨陈保荐徐象藩免试知事，民国三年八月二十二日"内咨文：

"浙江巡按使署，为咨陈事查《修正知事试验条例》第二十二条，国务总理各部总长各地方最高民政长官认为，有富于政事，学识或政事经验之人，得出具保荐文，送请内务总长准免试验。又第二十三条，依前条规定，保荐文内，除开明姓名年岁籍贯外，须就左列事实之一，加具切实考语，一有何种政事学识，须检查其著述；二有何种政事经验，须列举其成绩，等规定。并准大部前次电复，内开保荐免试知事，原不以现任官为限各等因，自应遵办。兹查有徐象藩，现年四十三岁，永嘉县人，（略）奏奖以直隶州知州，回江西补用，后委署信丰、宜春、浮梁、永修等县知县。查该员历任差缺已在十任以上，均未贻误（略）。查该员才识优长，勇于任事，核与保荐知事资格限制条目第二项，成绩各自尚属相符（略），分列该员成绩经验，加具切实考语，备文保荐，敬祈大部察核，交由委员会审查决定施行，实为公便，为此咨陈内务总长，署浙江巡按使屈映光。"①

【帮助】由此说明北洋政府对免试知事的认定，是有一定程序的，另有记载，徐定超夫妇闻之，书信谕之曰："今之知事非昔州县比。且大局尚未定，宁毋出。"②也较合乎逻辑。

所以，我采信了第二种说法。

公元 1915 年（民国四年乙卯）

"民国三年（西历一九一四年），余既就读姑家，遂寓居于其家。乃不久先姑丈（徐象藩）忽发奇想，赴沪与英商某开银行（中比银行），先姑丈先投资银圆十万，并来电邀先姑母率全家至沪。先姑母虑其事必败，

① 《浙江巡抚使一九一四年保荐徐象藩免试知事的文书》，《中国第二历史档案馆藏卷宗》全宗号 1001，案卷号 11090 号。
② 徐象藩、徐象标、徐象先《哀启·行述》，1918 年 1 月 7 日。《监察御史徐定超》第 331 页。

故仅一身先去，留余眷在温家。未二年，银行失败，先姑丈仅携若干真伪混合古书画返温。嗣后，先姑母常抚此箱书画长叹，谓全部家产，仅留此破烂书画也。"【同 23】

【逸闻】听我父亲说，祖父徐象藩的银行股份，一夜间输在了牌桌上。系在与某君推牌九时，输急了，即把其在"中比银行"的全部股份都押了上去。对家开牌为"天牌"，无奈推牌认输。起身至门口被叫住，系管家翻看其牌，竟然是"地牌"（小吃大），只见他甩手而去，认赌服输。父亲由此告诫吾辈，切不可嗜赌！

上海中比银行投资失败，血本无归，遂返回温州，帮萧氏料理东门盐行。

"民国四年，先姑母为料理其原设在东门之盐行，亦即原由先父兼理者，此时移居东门，姑丈亦时离老屋赴东门盐行居住。"①

公元 1916 年（民国五年丙辰）

任江西南昌供职江西审议统税局长，出席南昌市工商界各商会年会，积极灌输实业兴国的观念，提倡新兴企业的诞生。关注社会之腐败事件，建言立案，主张严办，以彰国法。

"私运大宗云土之燃犀录，本埠某机关接南昌徐象藩来函谓，上海私贩烟土一案，丧权辱国，可耻孰甚。现在政府处于两难地位，整纲饬纪，尚待商量。然公理自在，公论难逃。象藩人微言轻，心有余而力不足，因而感触悲愤交加，并不自知其出言之愚禀。谨具意见书一纸，非与彼辈有所恩怨，亦效小子之攻，聊尽匹夫之责，尚希指示南针，匡其谬误，不胜感谢。"

附录 意见书 具意见书人徐象藩

今将上海道君公署搜去大宗烟土一案，丧权辱国，仅依据约法，提出

---

① 萧铮《萧母林太夫人百龄年谱》第 3 至 5 页。

请愿，应请贵院速行劾，主张严办，以彰国法，而服民心，特为帮助：

（一）吾国历行禁烟，无知愚民因丧权辱国，烟禁而遭枪毙及毁屋焚村破家荡产者不知凡几。今以特任官员行李，简任官员，机关私藏大宗烟土，破坏禁令，证确，鉴案无道饬，仅予免职，含糊了结。彼愚民何辜竟致惨罹法纲，岂法律只可以压制平民，而不足以惩创巨奸乎？此对于本国人民，不能不主张严办之理由也。

（二）烟禁为吾国最重大之内政，久为外人所注目。近年外交失败，原因难属复杂，然所以不能折冲樽俎，实由内政之敷衍有此致此。今旅居上海各国人民均已电告其本国，以此案为吾国莫大之污点，业经传遍全球，而洋药公所将来必借口本案，为吾国从容私贩，违背合同之证据，生出种种要挟，固属意料中事，此对于外国人民，不能不主张严办之理由也。事实（略）具以上之理由事实，故本案实为民国启造最要之件，国会应提出弹劾，主张严办，由法院提起公诉，应足以昭示国人，交信友邦。[①]

公元1917年（民国六年丁巳）

为继修浙江通志，曾祖父徐定超被聘为浙江通志局提调，征集周详，分门编纂成书，业已过半。徐定超为征书籍，乘招商局普济轮，因公返里。夜深三时半，舟出吴淞口，至铜沙洋三夹水，"被该局新丰轮撞沉，溺毙多命"，死者二百余人，徐氏夫妇率婢仆一行五人同时罹难。

普济轮海难后，徐公班侯在外地之长子徐象藩、三子徐象先闻此噩耗，分别从江西、北京赶赴上海，急电交通部，要求沪招商局设法组织打捞。[②]

致交通部电，急北京交通部叶誉虎总长鉴，普济撞沉，家严罹难失踪，泣祈电饬招商局派小轮一艘专门寻觅，阖家感戴，盼复。徐象藩、徐象先同叩。

① 《申报》，1916年9月24日，第10版。
② 《申报》，1918年1月12日，第10版。

交通部来电，上海温州同乡会徐翰青（象藩）、慕初鉴，阅报骇悉，尊严慈灵耗，以未知执事行止，来由奉慰，仔承电示，已立电该局照办矣。浙。

致浙省电，杭州杨督军、齐省长均鉴，电商沪水警厅暂借小轮，俾事寻获，无任感戴。徐象藩、徐象先。佳。

浙省来电，电悉昨传灵耗，骇悼殊深，当即派员携款赴沪照料。兹承嘱，已电请卢护军使，转商水警厅拨借小轮一艘，以资探究，希径向使署接洽，尚盼节哀。特复。

温州同乡及徐班侯之长子徐翰青（象藩）、次子徐慕初、孙徐士希等，于昨日午后一时，协同旅沪同乡会副会长林楚雄、职员林仲昭等，先在江旁设奠祭江，即招雇民船多艘开赴出险地点，四处寻觅，号泣不已。遇有尸体，即鼓勇泅入水中背负而出，计第一次已获到男女尸体十五具。招商局所派小轮，内多窳漏，死尸家属连日即无捞到一尸，而衣服均被浸湿，又时有倾覆之虑。

"次日，小轮开到吴淞口广济轮处，遇难者家属多人同往，不料该船只顾打捞普济船物，而不捞尸体……待小轮开回途中，发现海面有尸首三具，结冰漂流，家属哀求放舢板去捞，船员仍故意推脱。船员如此的做法，都是受招商局董事会的指使。"[1]

包括绍兴、宁波同乡会在内，均对普济轮的安全性提出多项质疑。

撰文"揭露普济轮严重失修，对外秘而不宣，例举视乘客生命为草芥种种事实，痛斥该局之罪恶"。[2]

招商局长口头答应照办，实际上敷衍。皆因肇事轮船新丰轮聘用英国人当船长，涉及招商局董事的利益，就故意一直拖延，然经徐家兄弟再三

---

[1]　《招商局之惨无人道》，《瓯海日报》，1918 年 1 月 25 日。
[2]　洪炳文《招商局蔑视瓯人之痛史》，《瓯海日报》1918 年 2 月 1 日。

恳商，终无结果。

徐家兄弟认为逗留沪滨，亦非善策。于是一方面在沪立灵招魂，一方面电温州令其家属到朔门轮埠接灵设幕家奠，以安二老精魂。

另徐象藩、徐象先连续一周在申报上登载讣告及致哀启事。

"温州徐勉善堂账房启事：永嘉徐公班侯先生暨德配胡夫人寿终舟次，谨择于阳历一月二十五日，即夏历十二月十三日申时，在沪设灵成服，另行择日开吊，恕报不周，特此布闻。徐勉善堂谨启。

徐象藩徐象先哀启：先严慈惨罹浩劫，承远近亲友躬莅慰问，并函电注唁，及倡捐建祠，议请立传，感激涕零。藩等连日入海寻亲，肝肠寸裂，有稽答复，先此登报鸣谢。诸祈矜鉴。棘人徐象藩、徐象先泣血稽颡。"[1]

针对社会上有人借普济海难之名，组织募捐，特发温州同乡会特别启事。此次普济失事，同乡遇难公众，其捞尸殡殓及一切善后事宜，均由鄮同乡会同招商局办理，并未有派人在外募捐。近闻有本埠另设机关，发起劝捐等事，是假慈善之名，行欺骗之实，各界诸公幸勿受愚为盼。"[2]

时徐象藩认为招商局对于被难家属既无应有的抚恤，又不负责打捞，仅以出事之时敷衍塞责，置乘客生命财产于不顾，实属不合法理、不近人情之残忍行为！若不诉诸于法，予以应得处分，将何以警诫将来而策航行之安全。

徐象藩以被害人家属的身份向交通部呈文：

"为普济被新丰撞沉，惨死生命二百六十余人，损失行李货物资财值洋一百余万元，应请大部严饬招商局重惩祸首，赔偿生命财产损失，列举条件于后。

---

① 《申报》，1918年1月27日，第01版；1918年1月28日，第2版；1918年1月29日，第2版；1918年1月30日，第4版；1918年1月31日，第5版；1918年2月1日，第01版；1918年2月2日，第5版。
② 《申报》，1918年1月27日，第1版。

（理由）——此次普济轮船被新丰撞沉，既非天灾，又非地险，全系人事，损失生命财产之巨，为历来所未有。招商局用人不当，视他人生命财产为儿戏，应负赔偿之责。

（事实）——普济未遇险时，据搭客生还者声称，是日星月光明，普济见新丰对面驶来，恐有危险，先发警笛关照，彼此让避，新丰不答。普济又发第二次警笛，新丰复不答。迨普济再发第三次警笛，而新丰已撞来，横截普济腰际，此普济之所以不救也。

——普济既被撞及，新丰急开倒车驶去，经普济船主唤令停车，先行救人，新丰径去不顾。查普济自被撞至沉没时间，计四十五分钟。倘新丰立即停轮援救，岂有经此长久时期，全船仅三百人左右得不全庆更生者乎。此新丰船主之险狠，虽碎尸万段，尤不足以蔽辜也。

——新丰撞沉普济，系在红灯方面，照航海行船章程，其咎自在新丰。又现在普济沉没处，所适当回流，下有浅滩，无可避让理固至显，地永不移，自易按图索骥。新丰船主岂能以普济船主死无佐证，妄行抵赖，招商局又乌能以事在一家，存心掩饰。

——招商局内容腐败，航业规则全不讲求，船中要职悉听洋人综理。船主指挥滥竽充数，未尝加以考察。闻新丰船是时适二副值班，该二副本系某夹板船之水手，并无司理轮船要职之程度，竟任听综理。船主私心自用，致肇惨祸。此招商局诸董事不能辞其咎也。

——普济于一月十三日早晨三点余钟遇险，局中六点已接无线电报，彼时上海招商码头停泊多船，况沉没地点距离上海仅十码程途，倘立即开轮拯救，或不致如是悲惨，转致寻尸无着，迨时过三日，始于二十六日早开广济轮船往视，又不予寻捞，一误再误，此招商局董事之漠视人命，百喙有所难辞也。

——普济船上舢板朽坏，入水即沉，救生衣圈多未预备，平日防患未然之举，招商局董事等全不关心，以致惨遭奇祸，此招商局董事等断难卸责他人。

（法律）——新刑律第二百十二条内载，冲撞颠覆破坏搁沉载人之汽车、电车、船舰者，处无期徒刑，或二等以上有期徒刑。因而致人于死，或多众受伤者，处死刑、无期徒刑，或一等有期徒刑。查新丰船主大副二副，虽系外国人，然此项外国人系受雇于中国公司，即中国公司之用人，与他项外国人有别，且肇祸在中国领海，应归中国法庭管辖，应请查照新刑律，提起公诉。

（例案）——新裕被海容撞沉，彼时大雾迷漫，天地昏黑，招商局尚要求国家赔偿巨款。今普济被新丰撞沉，既据以上所述，自应由招商局严惩祸首，赔偿被害者之损失。被害人家属徐象藩泣呈。"[1]

交通部将此件批转给招商局，"令仰该局迅将善后事宜妥洽办理。"然该局仅欲与徐家达成私了协议，被徐象藩言词拒绝。

继而成立"普济被难家属联合会"，公推徐象藩为会长。继续与该董事局交涉，望其作一合理之处置，岂料，一再催促，均无回复。

附：给招商局董事会的抗议书

董事先生惠鉴，迳启者，旧冬新丰轮船撞沉普济轮船，既非天灾，又非地险，完全人事，损害本会同人，均已调查确证。依据法理，被害者自应受生命财产之赔偿，并应严惩祸首，以平众怒。兹经本会公同议决，特此提出抗议，即希选派全权代表来温，到会协议，以免隔阂，并望先行赐覆，专此敬询公绥。

普济被难家属联合会同人公启　会长 徐象藩

---

①《内务部警政司第四科06482号》民国七年六月,《中国第二历史档案馆藏卷宗》全宗号案卷号 844。

徐象藩再次作书警告招商局，他在文中声明：

招商局应限期作出负责之答复，如置之不理，将采取自由行动，焚毁广济，以资报复。董事先生大鉴：前月寄上为普济被撞沉没一案，提出抗议一封，谅已察览。兹将一月，尚未见复，究竟贵董事有无何等意见，不妨直接指教，免致彼此误会，龃龉一发而不可收。为此再行尽情警告，倘再拖延不答，本会同人仇不共戴，自有报复方法，将于贵局多所不利，此诸公勿贻后悔。本会同人再迟十日不得复，即认为交涉决裂，当取自由行动主意也。手此即颂筹祉。

普济被难家属联合会同人咨　会长 徐象藩[①]

岂料，一再催促，均无回复。徐象藩悲愤填膺，遂将遭难始末印成呼吁书，通告各省当道，请求主持正义。呼吁书发出后，各省乃无只字反应。

呼吁书

迳启者，旧新丰撞沉普济，惨死生命二百七十余人，损失财产一百余万元，业经敝会同人调查证据，说明理由，向交通部陈诉，奉批饬自向招商局接洽。敝会同人又复一再向招商局抗议警告，招商局董事竟不一答，其视他人生命财产为儿戏，惨无人道，司马昭之心固已路人皆知。兹将本案交涉始末，另纸印刷呈阅。现敝会同人已公认为交涉决裂，定于夏正五月初一日（即阳历六月九日）以后，为敝会同人与招商局交战，期间彼能以人事损害我之生命财产，我亦当以人力处分彼之生命财产，揆之法理，固属正当取偿。敝会同人仇不共戴，勇往直前，毫无后顾，虽赴汤蹈火，亦所不辞。现已分遣敢死各队来往中国各口岸，相机举动，秘密进行。诚恐玉石难分，殃及池鱼，特此通告同胞、外国军政商学各界，自本年夏正五月初一日（即阳历六月九日）起，旅行者万勿误搭招商局船只，经商者

① 《内务部警政司第四科06482号》民国七年六月，《中国第二历史档案馆藏卷宗》全宗号案卷号844。

万勿装招商局货舱，其余保险各行亦勿轻保招商局船只装载之人货，庶不致无辜受累，同及于难。自经此次通告之后，倘遭危险，敝会同人不负责任。统希谅察，并祈转告亲友知照，更为铭感。专肃恭请 公安。

普济被难家属联合会敬启

会长 徐象藩 中华民国七年五月[①]

徐象藩另用英语书信通知广济轮船主（广济系招商局之轮，船主皆为英国人）。他在致广济轮船主信中声明："焚烧广济乃出于自卫复仇正当行为，于船主无涉，请勿加以干预，以免节外生枝。象藩之所以出乎此者，系招商局既无抚恤之心，而各省当道又无公正表示，苦于控诉无门，难以伸冤，不得已才出此下策。"

公元1918年（民国七年戊午）

温州乐清盐场被徐象藩等纠众捣毁，一再电省请究。袁运使昨已派员驰往查办。[②]

查证：此案业已由交通部上报直隶省长曹锐，并报由内政部长批示：内务部为咨行事，准奉天省长函开，本年六月三日，接据普济被难家属联合会徐象藩函，以新丰撞沉普济，惨死生命，损失财产一案，交涉决裂，拟分遣敢死队来往中国各口岸，相机举动各等情。查来函，语极悖谬，影响于治安甚大，且系刷印物品，传播必广，亟应查禁，以免扰乱。除分致交通部查照外，抄录原函并附件，函请查照核办等因到部。查原函所称，现已分遣敢死队，来往中国各口岸，相机举动，秘密进行各节，甚属谬妄，于地方治安颇有关系。除分行并咨复外，相应刷印原件，咨请查照转饬警察官厅，依法办理。此咨

---

① 《奉天省长函徐象藩以新丰撞沉普济案交涉决裂散布传单字八二四号》民国七年七月十七日，《中国第二历史档案馆藏卷宗》，案卷号844。

② 《杭州快信》，《申报》，1918年5月25日，第7版。

直隶 山东 广东 浙江 福建 湖北 湖南 江西 安徽 江苏 省长

内务总长[1]

正因为此案涉及招商局股东们的既得利益，再加上对洋人的卑躬屈膝，由此，代表广大普济被难家属的徐象藩，即遭到了官方有组织的通缉、打压。

招商局董电请拿办徐象藩。"温州同乡因普济失事同乡遇难者甚多，徐象藩之父母徐班侯老夫妇亦在其列，于是归咎招商局，欲以激烈手段对付，当由招商局分请沪浙当道严察，曾志前报。兹悉该局董事杨士琦、周晋源、盛同颐、陈猷等，昨又分电苏浙督军省长及沪浙各当道云，窃自普济轮撞沉后，同受痛苦，是已将善后事，宜死者设法打捞，妥为棺殓，生者资遣回籍，加意周恤。不意徐象藩屡发通告，谓遣敢死队与招商局宣战，致前此江天发现炸弹，恐即本此行为。查本局轮船行驶各埠，停泊于法租界浦江，均属公共地方。徐象藩如实施与本局宣战行为，则已犯刑律第三百五十八条之罪，以扰乱地方秩序，破坏公共安宁论，除提起公诉外，为再电请钧署俯赐属加防范，如有此项行为发见，则惟徐象藩是问。并恳迅赐通行，一律严拿到案究办，以惟航业而保公安。"[2]

"淞沪卢护军使因准招商局之请，通令所部军警各机关及水警保护该局商轮，并严密查拿徐班侯之子徐象藩到案，治以扰乱治安之罪云。又一访函云，温州绅士徐象藩因普济失事，伊父母罹于难，故与招商局为难。曾与曾由招商局分别函电苏浙各机关通缉在案，兹悉杨浙督军访悉徐象藩

---

① 《内务部警政司第四科06482号》民国七年六月，《中国第二历史档案馆藏卷宗》全宗号案卷号844。
② 《招商局董电请拿办徐象藩》，《申报》，1918年7月5日，第7版。

现匿上海，故于前日密电卢护军使请为设法查缉解办。"①

保护招商局之公文："驻沪江苏交涉公署，昨致两公廨保护招商局文云，案准上海商办轮船招商总局董事会函称，案查本年五月三十一日，上海时报神州报登载，普济被难家属联合会会长徐象藩通告，普济被撞沉一案，同人认为交涉决裂，定于夏历五月初一日以后，分遣敢死队来往中国各口岸相机举动，秘密进行。通告旅行者勿搭招商船只，经商者勿装招商货舱，庶不致同及于难等语，并准上海总商会长接据该会通告函属格外注意。当以徐象藩系世家大族，伊父徐班老颇有名望，竟以敢死队名目，意图扰害中国各口岸，行为狂悖，已犯扰乱治安之罪。倘不严加防范，悉受害者不仅招商局一家，电请浙江督军省长暨瓯海道道尹饬传训诫，从严取缔。如中国各口岸客商船只遇有危险，均惟徐象藩是问，旋准电复饬查诫制等因在案。嗣据江天轮报告，阳历四月二十六五时，竟于江天船前舱内查见炸弹一枚，管舱司事因其危险，抛入江中，实时炸裂，幸未伤人。报捕查究，尚未破获，亦在案复查。适在徐象藩通告之后，是否徐象藩所遣之敢死队秘密实行，应俟破案后，即系证实。唯既有敢死队来往中国各口岸之通告，迹涉嫌疑，法无可恕。又经电陈交通部，请即电饬各口岸之行政官厅暨各海关监督税务司，一体严秘防范，认真查拿，务望军政商学各界勿误入虎口等语。当查徐象藩前次所登通告。或系痛亲情切。立言不当。是以仅仅函电各机关请求严禁，并未按照法律请提公诉。不谓徐象藩不知悔悟，又复公然宣战，尤其谬违。徐象藩一再通告，扰害敝局之治安，即扰害公共之治安。"②

徐象藩所发"呼吁书""通告""声明"等，均被视为非法印刷品传播，被查禁。"沪海道尹暨淞沪警察厅长均接江苏省长公署训令云，准内务部

① 《查拿徐象藩》，《申报》，1918年7月6日，第10版。
② 《保护招商局之公文》，《申报》，1918年7月14日，第10版《本埠新闻》。

祖父徐象藩宦迹考证

准奉天省长函：开本年六月三日，接普济被难家属联合会徐象藩函，以新丰轮撞沉普济，惨死生命，损失财产一案，交涉决裂，拟分遣敢死队来往中国各口岸，相机举动各等请查来函，语极悖谬，影响于治安甚大，且系印刷物品传播必广，亟应查禁，转饬警察官厅依法处理。"[①]

徐象藩历任朝廷及北洋政府命官，如今为所有的被难家属讨回公道，却沦为被通缉的首犯。当公理和法律已成一堆泡沫时，满腔的怒火注定会酿成绝望的行动。他主意已定，乃于其父母被难周年家祭后，孤身驰往东门召集居住之房族数十人，各持木料、煤油奔赴朔门招商局码头焚烧广济轮。但是，当煤油和燃烧物尚未完全点着时，广济英国船主（也有记载说是"船主向水手下令"）持猎枪，向徐象藩身腰连放数枪，徐象藩被击中后，没走几步，即倒在了码头浮桥上。一时人声嘈杂，秩序大乱。其跟从之房族人，随即将其尸体移置招商局内。此时码头上良莠混杂，分不清谁是徐姓房族，谁是普济轮被难家属，谁是地方流氓。混乱之中，有人趁机捣毁招商局，并将招商局施总办之眷属扣押，将局内杂物抢掠一空。道尹黄庆澜、统带梅占魁遂派兵前往弹压，秩序始得恢复。

广济徐案之昨闻："本埠招商总局接温州同乡会接温州来信云，前电计达此次广济肇祸，首由该局对于普济被难家属绝无办法，继由广济不善应付，以致愈演愈烈。初，徐君因普济被难不觉周年，协同各被难人亲属赴局质问，该局纯以势力凌人，谓我的公司拥有数千万之资本，用文用武，听凭汝便。翰青（象藩）激于一时气愤，即欲将广济焚毁，是实该局嗾使水手用枪击毙，业由审厅将凶手拘押在案。旋经该局通电浙省长官，诬指各被难人为抢匪，此间人心颇为激昂，但诬良为匪，罪有专条。该局溺毙诸同乡于前，又复诬匪于后，凡有血气，孰甘忍受，恳祈主持公道，俾死

---

① 《查禁徐象藩传播印刷品》，《申报》，1918年7月16日，第10版。

者瞑目，九原无任感荷。（下略）"

招商总局致温州地方官电云："黄道尹、梅统带、徐监督、吴营长、卢区长、曹局长鉴效电，悉徐象藩率众纵火广济，被格身毙，既经检厅勘验，自应依法讯办。唯瓯沪只有广济一船未驶，因此久碍交通，应查明该船与此案有关系各人，留备法庭讯质。仍饬早日开驶，以利行旅，并即剀切布告，妥商善后，勿使人民惊疑，是为至要。"

瓯海道尹公署第二十九号布告：云照得本月十八夜，有人聚众各执火把，并带洋油等物，往烧广济轮船。该船无法阻止，当场用猎枪格毙为首一人，遂退至招商局。复往纵火，将该局一切物件悉捣毁，并带去局长之眷属三人。当经本城军警各机关闻信，立派军警驰往弹压，立时解散，秩序如常。该局长之眷属嗣亦送回。自应候查明详情，按照法律解决，恐无知愚民或被人煽惑，任意妄为，特剀切布告。仰本邑人等一体知悉，尔等须知现在戒严时内，如果再有聚众滋扰，妨害公众秩序情事，定以匪徒扰乱治罪，断不稍宽，毋得自投法网，追悔不及，其各懔遵，切切。特此布告。

中华民国七年十二月十九日，道尹黄庆澜。[①]

接着，道尹黄庆澜出告示安民：徐象藩尸体由法院派人验明，确系猎枪示伤毙命。令尸属殓好领去，自行安葬。

"班老（徐定超）故后，先姑丈（徐象藩）屡与招商局交涉，盖来往温州、上海间，'普济''广济'两轮，此时乃仅有'广济'，其船甚小，且机器亦甚旧，姑丈（徐象藩）主张应换一大轮，并惩办当时撞船之责任及抚恤二百余人之家属，无效。故于周年纪念时，集家属数百人，往该局请愿，致与广济船长英人某冲突，被其用枪击毙，先姑母（萧氏）遭此巨变，力持镇定，亲往解散余众，并收殓先姑夫（徐象藩）遗体，一面请律师提

---

① 《广济徐案之昨闻》，《申报》，1918年12月27日，第10版。

出控告，乃以治外法权故，终归无效。"①

公元 1919 年（民国八年己未）

《杭州快信》："温州招商局自徐象藩案发现后，轮船停滞，商业恐慌，永嘉商会乃向某公司订约，约派"研究丸"轮船行驶沪瓯，经省吏电部取销，现已由沪局改派同华轮接班开往，官厅力任保护，风潮可望平靖。"②

"先姑丈猝遭英人击毙后，官司累年不决，家遂中落，乃忽又发生讼案，上海某家取出先姑夫（徐象藩）之借条，请求温州法院查封财产，余姑母（萧氏）穷于应付，遂以古书画及旧藏之瓷器，抵债求和，以平讼事。至此，姑家仅有居屋一座。"③

【逸闻】祖父徐象藩在江西多地任职知县（县知事），唯独青睐浮梁古县衙。有记载，祖父和萧氏将窦妇桥的宅院典给曹姓警察局局长，在马宅巷另盖一院，其大门口置石狮两座，就是仿照浮梁古县衙的官邸门口。在祖母萧氏病故服丧时，方才通上电灯。

这个房子的房契，1953 年房屋登记时，户主还是我的父亲徐望孚，备注由徐陈氏（三婶陈鸣英）代管（实际是赠与）。听我父亲吩咐，因当时三叔徐贤任去了台湾，此房除三婶一家自住外，将余房租出去，用于其子女们生活、教育之用。后来，在"文革"中，稀里糊涂被充公了。现在旧城改造中，已被拆毁。

这场悲剧的发生，当时政府无任何表示。（应该说祖父之卒，实际上，正中了北洋政府的圈套，他们早已为镇压徐象藩而布下了"天罗地网"）。唯徐家族人为纪念徐象藩，在永嘉枫林黄桥头，有一木结构亭子，亭中横梁上有黑底金字一匾，上书"孝子亭"三字。亭西首有一堵粉墙，墙上镶

① 萧铮《萧母林太夫人百龄年谱》第 3 至 5 页。
② 《杭州快信》，《申报》1919 年 1 月 19 日，第 7 版。
③ 萧铮《萧母林太夫人百龄年谱》第 3 至 5 页。

嵌着青石碑，碑上刻字"孝子徐象藩司马纪念处"，落款是"公愚马范敬题"。肃立千秋，以纪念这位报家仇国恨而卒的义士。

旧账新债，记载着英帝国主义的罪行！

后记

听父亲徐望孚述之，曾祖父徐定超任旧温属护商警察局局长时，"前由瓯江南之闽，海面辽阔，岛屿罗列，盗匪常据为渊薮，商船钓艖，时被劫掠。先君心悯之，乃改海防局为护商警察局，别乎水上警察之制而专以护送商船为职务。添置舰艇，勤加训练，海上豪杰闻风投效者以十数计。先君道之以德，齐之以礼，群皆心服。"[①]

【逸闻】而当时曾捕获一名海匪"金魁（音）"。在提审时发现，其在作案时，"只劫财，不伤人"。并缘于家境贫寒，亦有劫富济贫之举。于是乎，去监房与之"串供"。在隔日再审时，改判决无罪释放，遂赠予钱银，让其添置巡舰，配备机枪，船竖"金"字旗号，招安其为商船护航。

徐定超殉难于普济轮，其子徐象藩被英国人枪杀后，为报"不杀之恩"，金魁混入当时已改驶上海至武汉长江航线的广济轮，伺机将英籍船长斩首，并将其首级带回温州，供奉灵堂。祖母萧氏即命众子孙磕头下跪，感恩金魁义士为徐家报仇雪恨！

通过对祖父徐象藩官宦生涯的考证（遗憾的是至今尚未获得祖父的照片），但祖父的形象似乎在我的头脑中犹然显现：他中等身材，体格健壮，虽然脾气暴烈，仍不失有勇有谋，是个骁勇善战的战将。从徐象藩以被害人家属的身份，向交通部呈文及呼吁书等生前所著文章分析，其知法懂法，

---

① 徐象藩、徐象标、徐象先《哀启·行述》，1918年1月7日。《监察御史徐定超》第332页。

思路清晰，文采卓越。他从县丞、知县到直隶知州，卒前任江西审议统税局长，几乎都与税赋有关：征税、保税、护税、严查苛捐杂税等等，业绩斐然。其在浮梁任职后，正处于清末资本主义工商业变革的萌芽时期，徐象藩能带头集资注册公司以及推动官商合办，在体制上率先实行股份制的"江西瓷业公司"的成立。其对陶瓷业进入企业化的经济思路，是适应社会发展的。官阶从八品一级级升至花翎四品及免试知事，皆由其在任上，志洁行超，恪尽职守，以突出的政绩而获得嘉奖晋升。

纵观祖父徐象藩的一生，秉承徐家"勤读书，多吃亏"的祖训，遵循其父徐定超为永嘉枫林徐氏立下的家规《诫训子孙歌》，冀望养成热爱劳动，勤俭节约，珍惜时间，用功读书的好习惯。

尤其是"取友必以端，崇德必努力"，即择友时定要选择品行端正的人，要努力提高自己的道德修养，以高尚的情操作为为人处世的方向。特别与地方士绅打交道时，一定要掌握分寸，把握底线，千万不能有利益交往。[1]

祖父徐象藩深受其父徐定超立德、立功和立言的熏陶和影响，虽为朝廷命官。在时代的风浪中，乃接受民主主义思想，参加光复会（后并入同盟会）。顺乎潮流，在大是大非面前，泾渭分明。疾恶如仇，孝敬泣血，为其官宦生涯画上了不平凡的人生句号。祖父"徐象藩为国雪耻、为父报仇的斗争精神，永远留在人们心中"！[2]

"记得在小时候，在枫林黄桥头古老的孝子亭中央，架置一口石缸，石缸里盛放茶水。亭里总有一两位老人，向歇脚的过路人喋喋不休地讲述民国孝子徐象藩的感人故事。"[3]

---

① 《取友必以端，崇德必努力》，《中国纪检监察报》，2018 年 5 月 17 日。
② 徐御静《徐象藩传略》，《永嘉文史资料》第四辑第 81 页。
③ 《温州日报》，2010 年 8 月 19 日，第 13 版。

创业办工厂

◎ 汪大清

  1973年11月，我在渠口高中毕业之后，由于"文化大革命"原因，中考、高考都还未恢复，继续读书无望，就在家寻找就业机会。当时，就业政策规定，初、高中毕业是城镇居民户口可以安排单位工作，农业农村户口的不能分配单位工作。我们几位要好的同学共同商量，为了解决个人的工作就业问题，只好参加"批林批孔"运动闯一闯，碰一碰运气，也许就业工作会有希望。当时我们年龄轻，不知道"批林批孔"运动中造反派哪派好哪派不好，只要有熟人就去。我们几个平时联系比较多的同学"永嘉炮联"有熟人，就跟着"永嘉炮联"来了。1974年上半年，在青田县温溪镇待了一段时间，我和叶巨会同学帮助永嘉县委宣传部干部陈康瑾做宣传抄写工作。后来"批林批孔"运动结束，"永嘉炮联"掌了权，我们几位同学也就有了工作就业的机会。

因为不是城镇居民户口，不能分配长期工作。我们几位同学有高中毕业文化程度，安排教育部门的临时代课老师。1975年下半年，我被安排花坦中学东川初中班担任初一数学老师。担任代课老师时间一年有余，每月代课工资三十元。好在东川村离我家霞山只有几里路，步行半小时即到东川学校，早出晚归，省吃俭用，生活上还算稳定，就是担心代课老师是临时工，思想上亦不稳定，有机会要寻找一个稳定的工作。在东川初中班代课时，周六、周日到霞山村岙底高山上砍几担柴，一方面供应自己家庭烧饭，另一方面，偶尔挑担柴给东川岳母家烧饭，岳母烧点心给我吃，香喷喷的糯米饭吃后至今难忘。

筹集资金，创办工厂。1976年6月，几个要好的同学相聚一起，说起当代课老师既是临时工作工资又低，商议自己一伙人创业办工厂。这个想法向有关熟识的领导作汇报，特别是沙头区委的主要领导表示大力支持。思想确定后，说干就干，我与潘教东、陈旭晨、高仁良、叶会巨、陈永明，等人，邀请上塘镇前村技术老师徐臣德，在沙头区委分管工业领导的指导下，开始筹集资金。我在花坦信用社个人借来三百元人民币，大家共同筹集资金近一千元，到永嘉县二轻局仓库经理部购买钢板，后经加工成阀门壳体出售。在相关领导的大力支持下，我们顺利赚到了第一桶金，尝到了创业的甜头，鼓舞了我们办厂的士气，增强了我们的信心和决心。

白手起家创业，困难和问题足够多。首先，创业要有一个集体单位才能开展正常的业务往来工作。我们向沙头区委领导作了汇报，区委领导重视解决这个问题，研究确定沙头区的渠口中学"五七"机电厂由我们创业经营管理。其次，开始办工厂，没有厂房怎么办？我们向沙头区委分管工业领导作了汇报，区委领导热情帮助联系，先在渠口乡泰石村祠堂里搞生产。同学们办厂积极性很是高涨。高兴激动之余，汪大清写自由诗一首，表达了当时之心情："渠口众同学，相逢磐氏园。壮志言不尽，泰石峰日悬"。

再次，我们邀请上塘镇前村技术人员徐臣德老师和有关销售人员商议，新创办的企业一穷二白，没有资金、技术设备，生产经营什么产品比较适合我们的集体工厂，经过国内市场销售分析，永嘉县国营、二轻集体企业的生产销售现状。最后，比较一致认为生产阀门产品为宜。生产阀门需要简单的车床等配套设备。没有资金购买新的车床等配套设备，我们因陋就简，购买旧车床一台，没有条件创造条件先行简单生产。随着工厂生产规模的扩大，泰石村祠堂已经不适应生产的发展。后来又把生产车间搬到沙头高浦村，租用私人房屋搞生产。工人、管理人员居住在简陋的私人房屋里生活。

以厂为家，努力管理工厂企业。创业初期，困难无处不在。但我们一班人，人心齐，决心大，把工厂当自己家。为了保证企业有序生产，我们也建立了班子，明确了分工。潘教东为总负责，高仁良负责销售，陈旭晨担任出纳，叶会巨担任财务会计，我负责生产，配合技术老师徐臣德保质保量完成生产任务。设立车工小组、钳工小组、销售小组，麻雀虽小，五脏俱全。1977 年上半年，阀门销售形势很好，为了履行合同的时间，有时工厂安排工人日夜三班生产。我们班子成员带头，以身作则日夜轮流跟班生产，保质保量完成生产任务。

由于工厂生产任务繁重，熟练技术工人欠缺，普通工人需要一边培训技术，一边参加阀门生产。技术骨干力量要用百分百的精力投入阀门生产，才能保质保量完成艰巨的生产任务。基于这种情况，我们厂班子成员有针对性地定期或不定期召开全厂职工会议，做好全体职工思想工作。

1977 年 7 月下旬，我代表厂领导班子集体在全厂职工会议上讲话。讲话的总纲是树立起办好厂的思想。第一，为什么要办好厂，要不要办好厂，解决办好厂的思想认识问题。政治上要为党中央的革命路线争光；要为社会主义多做点贡献；为了更好保障工人生活问题。第二，如何办好自己的工厂，如何创好业。明确自己厂的前途，明确自己厂还处于一穷二白的困难阶段；要办好厂，就要学习大庆人的艰苦创业精神。没有条件创造条件也要上，学习技术业务，多做贡献。第三，要制订合理的有利于生产的规章制度，包括请假制度，上、下班制度。生产过程中，不懂的问题要及时请教老师，不要自己挑好的工作做。第四，处理好各方面关系。处理好工人和工人之间的关系，师徒之间的关系，干部和工人之间关系，工人和当地村农民的关系，工人和相关单位、部门的关系。第五，上班时间要遵守工作纪律。不能擅自离开工作岗位。第六，禁止上班时间出勤不出力。有些人要求进工厂思想迫切，开始工作积极肯干。不到几个月就出现懒、散、软现象。摆老资格，自以为了不起，尾巴翘起来了。第七，关于厂内节约问题。如锯条、钻头钢材等等原材料、工具有浪费现象。要时时注意节约，不得无故报废。第八，强调处理好老师和徒弟的关系。着重批评前段时间所发生的几种错误的思想和言论。树立尊师爱徒良好风气。做生活不要挑好的做，要绝对服从老师的生产分配、工种分配事项。不能拉小团体，不能经济挂帅，不能相拼工资等问题。第九，要严格执行三大纪律、八项注意。不拿群众一针一线。休息时间要做正确的不违反法律和政策的有益活动。打鱼炮、扑克，打香烟，开粗口骂人打人的不良现象要予以克服。第十，值班问题。按照厂里安排的时间，不得有误。要严格上、下班交接制度。

领导重视，部门支持，借力发展工厂生产。出门靠朋友，全靠四面风。办厂初期，全靠上、下、左、右，四面八方的同志扶持帮助才能从无到有，从小到大，健康成长。首先，县属部门和沙头区委的领导从创业办厂开始自始至终重视支持帮助。从解决渠口中学"五七"机电厂集体单位，工厂生产迅速发展，工厂工人也壮大发展到三十多人。为了进一步发展扩大生产，我们向沙头区委、县二轻局报告，要求解决县属集体企业单位。经县二轻局、沙头区委研究同意，永嘉县工农机械电器厂由我们创办管理。这样，我们引进技术人员，人才流动更方便，到省、内外洽谈业务，签订生产合同就更顺利了。因为，渠口中学"五七"机电厂属于乡、镇集体企业，县工农机械电器厂属于县办集体企业。档次从原来乡镇企业升格为县属集体企业。其次，工商、财税、银行、商业、供销、粮食、公安派出所、司法部门当地高浦村两委等都采取优惠政策，大开绿灯扶持我们企业发展生产。我们也及时向相关部门汇报工作，求得部门的支持帮助。再次，我们与县属二轻企业、乡镇企业横向联系也很密切。特别是设立在沙头区的县犁锅厂、县农机具二厂更是关系亲密。因为，他们是老牌的县属二轻企业，办厂时间长，技术力量雄厚，设备比较齐全，各方面基础比较好。我们新创办的工厂，无论技术、设备等各方面基础和他们企业相比，天壤之别。我们工厂需要兄弟企业帮助支持。我分管生产的领导班子成员，更是同老大哥企业领导及员工经常打交道，缺少点原材料、缺少点工具、缺少点技术力量，有时由于时间紧迫，不可能到瓯北、上塘县属企业求援解决，绝大多数都是县犁锅厂、县农机具二厂就地解决。有时我们一天三五次到上述企业要求帮助解决困难问题。我们厂取得的成绩，离不开部门单位的支持帮助。

1977 年夏秋天气干旱，县委号召全县机关部门单位全力以赴投入农村抗旱保丰收。县二轻局领导到我们工厂动员干部职工投入抗旱第一线。沙头区委动员区属部门单位投入抗旱工作。我们厂为了响应县、区党委的号召，工厂停工三天时间，把厂里的柴油机动力运送到征购任务比较重的沙头镇响山村投入抗旱工作。可谓是工厂支援农业农村工作最有力的举措，得到了县工轻局和沙头区委领导的表扬。

1977 年 11 月上旬，农村已经是秋冬大忙季节。我既要办厂当工人，又要回家劳动当农民。为什么呢？因为家庭成员均是农村户口，粮食还是农村生产队供应的。11 月 7 日立冬节日，在家忙着农事，并写自由诗一首，歌颂劳动人民的辛苦生产情景："季节已立冬，地瓜挑家中。割稻又种麦，乡亲忙匆匆。"11月8日在家劳动，帮助父母亲晾晒地瓜干。当时，地瓜是主要的口粮品种之一。当年11月至12月家里吃鲜地瓜，来年地瓜干吃到6月至7月。稻谷、小麦等细粮很少吃。我劳动之余，又写了一首自由诗，描写劳苦大众起早摸黑的生产劳动之情景："冬晒地瓜干，鸡鸣出田垟。午餐野间食，夜黑未收场。"

1978年6月23日至26日，我参加了全县工业学大庆会议。会议传达贯彻了中央、省委工业学大庆会议精神，县委主要领导代表县委作了全县工业学大会议工作报告。其主要精神：一是提高认识，批判修正主义，坚持走毛主席的革命路线。二是学习解放军的政治工作经验，结合大庆实际，学习铁人王进喜，建设革命化队伍。三是坚持独立自主、自力更生、艰苦奋斗、勤俭建国的方针，多快好省地发展生产。四是全心全意依靠工人阶级，建立一套严格的科学的社会主义企业管理制度。五是坚持"五七"道路，建设工农结合、城乡结合的社会主义新型矿区。六是加强党对企业的一元化领导，搞好领导班子革命化建设。我们厂认真贯彻全县工业学大庆会议精神，结合新创办厂的实际，采取了一些工作措施。在原有阀门生产的基础上，增加一个电器装配车间，试行多元化生产产品新路子。探索开发新产品，由我带队到上海二轻局设计院洽谈新产品开发事项。由于我们是新创办的工厂，无能力、无技术、无设备生产技术含量高的产品，只能是选择简单的技术含量低的。经过我们外出上海的一行人员的分析研究，初步确定选择汽车的配件产品门锁进行开发试验新产品，后来这样的行动符合全县工业学大庆会议的精神。但开发新产品需要比较长的时间，需要必要的开发新产品的经费，需要一定的领导班子人员的精力。由于工作需要，厂领导班子的成员将要到新的岗位上开展学习和工作。这项新产品开发工作也自然而然地搁置了。

1978年下半年，虽然创办工厂时间不算长，但渠口中学"五七"机电厂年创造的利润却是沙头区集体企业最好的企业之一，得到了沙头区委的肯定和表扬。我也向沙头区机关党支部写了要求加入中国共产党组织的申请报告。当时的沙头区委书记陈启苗，沙头区委组织委员陈时玉同意作为我入党介绍人，经过沙头区机关党支部全体党员大会研究，一致同意吸取我为预备党员。从此，我感觉在工厂里工作的担子更加重了。

后来，由于工作需要，陈旭晨到浙江师范大学读书深造；叶会巨到渠口乡当地三个村担任党支部书记，踏上了行政工作之路；潘教东、高仁良先后担任乡里半脱产干部；我先担任县工农机械电器厂副厂长，后调任县犁锅厂副厂长。

1978年12月底，县委办公室需要配备文字工作者，沙头区委推荐叶会巨、刘永忠和我抽调县委办公室搞文字工作。我们几个同学最后离开工厂时，留下累计利润30余万元。创业办工厂也算圆满落幕，开始新的工作征程。

2023 年 6 月

回忆票据时代

◎ 郑伯西

票证时代难忘怀

在计划经济时期，我国商品供应极为匮乏，国家为了保障供需平衡，对城乡居民的吃穿等生活必需品和日常用品，实行计划供应，按人口定量发行各种类专用购物凭证，这些凭证通称为"票证"，有票有钱才能买到物品。那个时期，可以称为"票证时代"。

从 1955 年第一张全国粮票发行开始，我国进入了漫长的"票证时代"。那花花绿绿、大大小小的各种票证，囊括了城乡居民家庭所有日常生活必需品，成了百姓过日子的基本保障。在当年，别说没钱，就是有钱没票证也寸步难行，买不到东西。城市居民生活中如果缺少票证，日子都没法过。那时的人们可谓视票证为"命根子"，曾经是一票难求。

票证种类繁多，我记得城镇居民有粮、油、鱼、肉、蛋、糖、豆制品、蔬菜、棉花、布、煤、火柴、香烟、肥皂等各式各样的票。一句话就是所有食品，日用品全凭票。农村比城市居民的票少得多，只有棉花或布票、点灯用的煤油票、火柴票、肥皂票、糖票。商品数量也很少，如一个成年人一年的布票开始只有八市尺，做一套衣服还不够，后来增到十五市尺。所以只好挤出部分自留地种点棉花，自己纺纱织布，做衣服和被单，我们的衣服全是母亲纺纱织布请师傅制作的。1976年有了涤纶布料的衬衣，俗称"的确良"，我也买了一件赶时髦。因不需布票，成衣挺括，易洗易干，风靡了几年。1983年底取消布票，涤纶因透气性差渐被冷落，最终退出市场。

在票据时代，城镇居民迁户口时，还有一个特殊的关系叫做"粮食关系"随迁，并限定在某具体粮店购粮。倘若城镇居民调到另外一地工作，除须办理户口转移手续外，还必须办理"粮食关系"的迁移，领取城镇居民粮食证，再凭粮证领粮票。对于拥有城镇户口的居民来说，"粮食关系"与城镇户口同等重要。粮食关系成了城乡之间一条不可逾越的鸿沟。

我参加工作时，粮食还是凭票定量供应，一般居民每月27市斤，新出生小孩8市斤。我每月31市斤，下乡每天补粮票二两半。我个子小饭量大，平时在区食堂用餐，一般早餐四两（一市斤十六两）稀饭，中餐十两、晚餐八两干饭，一天吃了二十二两还没全饱，每月粮票都不够，向区里申请返销粮票补助才能维持。因大米供应不足，还要搭配10%~20%的番薯干。因此，区食堂经常早餐烧番薯干粥。我和区机关的两位年轻人早餐不想吃番薯干粥，故意挨到早餐时间过了才起床。炊事员阿姨对我们三人很照顾，烧"麦耳朵"特供我们吃。因粮食紧张，一般情况下，事务长只给一斤面粉，好说歹说她会给一斤半面粉，有一次不知怎了，她特开恩，竟然称了二斤面粉，阿姨烧了一大锅的"麦耳朵"，我们三人也都吃得光光的，一点不剩。

不仅是食品、日用品凭票供应，其他物品也很缺乏，全是凭票购买。1975年10月，托人买了人生的第一双皮鞋，价格12.50元，占月工资33.50元的37%。香烟一般每月只有十包，手表还要定量分配。送未婚妻胡兰珠的上海牌手表也是通过熟人在碧莲供销社购买（价格123元）。还有我们县城的物品比大城市更缺乏，我结婚的一些必需品，如糖果、被单、脸盆、热水瓶等日用品，都是兰珠特地去上海购买，四条香烟也是托潘光勋在广西"繁种"时带来。我东借西讨了六尺布票，做了一件毛料中山装上衣，婚后除过年偶穿外，平时舍不得穿，过几年不流行了就存在箱底。2019年清理旧衣物时翻出来还很新，舍不得丢弃又穿起来。

　　至1985年前后，各类商品基本敞开供应，只有粮、油及电视机、自行车、洗衣机等大宗商品仍凭证凭票供应，但也开始有"议价粮"可买了，粮票不再是一家人的"命根子"，这似乎是"票据时代"走入尾声的一个信号，一场巨大的社会变革正在来临。1993年4月1日起，按照国务院《关于加快粮食流通体制改革的通知》精神，取消了粮票和油票，实行粮油商品敞开供应。从此，伴随城镇居民38年历程的粮票、油票等各种票证正式退出历史舞台，"票证时代"彻底终结。

我在岩头搞双季稻试点

◎ 周泽民口述
◎ 徐崇统记录

1961 年，胡顺雷副部长从组织部调任岩头区委书记。他向县农业局潘加和局长要两个人，并指定让我一起去。潘局长答应了他，我就去了岩头农技站。记得我去的时候正是立冬那一天。胡书记问我安心了没有，我说已经两年多时间待下去了，心早已经安了。他就说：那我交给你一个任务，一个月内把岩头区内的十几个公社都去走走。接着，我也就真的下去，到岩头区的每一个地方调研。完成以后，向胡书记做了汇报。胡书记又对我说：岩头地方细粮比较缺，农村习惯种一季水稻一季麦。我想交给你一个任务，用三年时间，在岩头把连作稻（双季稻）搞起来。他还问我这里的气候、土壤适合不适合搞。我说根据我自己的判断应该可以搞，并把这项任务答应了下来。我一回到农技站，一个副站长知道后马上对我说：真是开玩笑，你这样大的事情也敢答应下来啊！过几天，县农业局一个股长到岩头，他对我说这件事是干不好的，此前他在岩头当站长的时候也不是没有想过。我也是初生牛犊不怕虎吧，既然答应了胡书记，就马上到村里调研。跑了几个村以后，回来向胡书记汇报。我说了两个问题：第一，这是试点，有成功也有可能失败。万一失败了，我一个月只有27斤粮票，承担不起责任。胡书记说，这个责任我们区委承担，你放心。我又说第二个问题，种水稻要先解决水利。建议他去县水利局要一个人，先建一座水库。胡书记一听，马上说：水库建哪里呢？建好一个水库要多少时间啊，这怎么行？我说不是水库，只要在溪流中间打一条坝，把地下水拦住，引过来灌溉就是了。胡书记说：好，我们选一个村先搞试点吧。为了慎重起见，我们选在岩头公社里户村试点。这是岩头最小的一个村，全村只有56亩水田，相对风险小一些。不久，县水利局派了一个年轻人下来，他也是水利学校刚毕业分配过来的，是杭州人。胡书记和我们多次去村里，召开会议，统一思想。最后家家户户都签字，同意我们搞试点。我把铺盖也带到村里，住了下来。

县农业局里得知我在岩头搞连作稻试点，很多人都担心我，也有人怨我，说我胆子太大了，万一试点失败了责任承担不起。潘局长也到了岩头，找我详细了解情况。听我汇报后，他马上表态支持我。李文照同志当时在供销社，对我的工作也支持很大，对里户村所需的肥料都是足额配给。1962年夏天，里户村的早稻获得丰收，亩产480斤，在当年这是一个比较高的产量。区委领导和里户村里的村民都很开心。晚稻插下后，县农业局给我们配了一个喷雾器，方便多了。那些日子里，我天天去田头看，见长势太快了，怕太早会拔节，就给水田换水，让干了几天，抑制水稻生长。胡书记也经常带区里的同事来看看，看着晚水稻长势喜人，他们都很高兴，胡书记说自己没有看错我这个人。见我晒得像个农民，还开玩笑说，你以后找老婆更难了。

到了 8 月份，满大水，里户村的农田全淹水了。我和村干部去田里看，村干部直叫"冇解"。我说："淹水没有关系，怕的是水退走以后留下淤泥，把稻叶粘住了，呼吸不到空气，它就会枯死去。"所以，我建议马上动员，让全村男女劳动力出来，给每个人半斤粮票，十分工分。吃饱饭后，每个人拿一把扫帚，把水稻叶子上的泥油清除干净。村支书听了我的话，说胡书记吩咐过的，一切听你的。就这样，趁洪水没有退去之前，全村的人都出来，去给水稻"洗澡"。这个时候，胡书记和几个区委其他领导来查看灾情。他们远远地看到了，不知道我们在干什么。大声喊我，我们也听不见。都以为我们疯了呢。我发现后，把情况和他们说了，大家都很感动。胡书记也要下田帮忙，我硬把他劝住了。几个小时后，山洪退走了，水稻也得救了。胡书记他们也一直等到我们歇工才回去。第二天，岩头区委特地开会，说我这个外地人不错，决定建议农业局让我当站长。当然，这人事不是区委管的，后来我也没有当上。

过了几个月，晚稻也丰收了，亩产 440 斤。这件事在全县引起轰动。县里在岩头召开现场会，奖励里户村一辆拖拉机，一台抽水机。后来，先后有三万多人来参观学习。

对此，岩头区委领导很高兴，我也很高兴。那一年，我被评为县级劳动模范，拿到一张奖状，一支水笔。第二年开始，我们在岩头区更多的地方推广种连作稻。

记一次文化座谈会

◎ 徐崇统

    2005 年 3 月下旬，省政协组织部分文化界专家委员到永嘉调研文化资源保护和文化艺术人才培养情况。此行由省政协副主席李青带队，李青祖籍河北乐亭，是李大钊先生的孙子。其他组员有：浙江省作家协会名誉主席叶文玲。原杭州大学校长助理、历史系主任杨树标，他是温州人。中国古陶瓷委员会主任，中国官窑研究会会长叶宏明。国家一级演员，第三届中国戏剧梅花奖获得者，第二批国家级非物质文化遗产项目昆曲代表性传承人汪世瑜。原浙江省博物馆副馆长、浙江省文物考古研究所所长、中国美术学院汉字文化研究所所长、博士生导师曹锦炎。现代工笔画的开拓者、著名画家徐启雄。徐启雄也是温州人，是第八、九届全国政协委员。浙江图书馆研究馆员林祖藻。浙江省社会科学院二级研究员、历史研究所原所长；

第九、十届浙江省政协文史委副主任；中国百越民族史研究会原副会长；浙江省越国研究会会长林华东。一级编剧、省政协第九、十届委员，温州大学兼职教授施小琴。

3月25日，星期五。我县在新世纪大酒店召开永嘉县文化资源保护和文化艺术人才培养情况汇报会。会议议程有五项：一、县委书记葛益平主持并讲话，介绍永嘉概况。二、省政协文史委员会主任睦孝忠讲话，介绍省政协一行人员情况。三、县委宣传部李爱燕部长汇报相关情况。四、葛书记补充几点看法。五、专家发言，李青副主席讲话。

根据我本人的笔记本记录，这次座谈会的内容比较简单，主要是记录参会专家的发言。当时的新闻媒体好像也没有报道过这些具体内容。记得在会议期间，画家徐启雄老先生看见我和徐逸龙都是姓徐的，特意走过来坐在边上，说自己的祖上不知道是什么时候，又是哪里迁徙到温州市区的。老先生非常慈祥，总是笑眯眯的。他写了一张小字条给我，上面写着他父亲、祖父的名字，让我们有机会帮助他找找。后来，徐逸龙在温州市图书馆古籍地方文献部找到徐启雄先生的家谱，电告徐先生，现场校对他以上三代人物名字谱系，确认属于天长徐氏分支迁入城区。那天晚上，县文联副主席，县政协委员杨大力还让我带他一起去看望作家叶文玲。杨大力向她请教了一些问题，我们聊了很久。我觉得，这次文化界专家的永嘉行，虽然规模很小，十分低调，但还是值得记录一下的。一是让后人记得曾有这么些文化名人来过我们永嘉。二是他们曾经为永嘉的文化发展说过一些话，尽管很简短，但至今还有一些借鉴意义。比如，古陶瓷专家说永嘉是缥瓷的故乡，对我们现在挖掘、宣传瓯窑文化应该是有比较大的意义。因此，我特意把这次座谈会的有关情况记录下来。下面是专家的发言：

叶宏明：永嘉是缥瓷的故乡，要发掘，要宣传。

汪世瑜：昆曲保护，永嘉要把项目报上去，争取把经费要回来。永昆要走自己的路。

叶文玲：

越剧靠梁山伯与祝英台出名，永昆也要拿出精品来。现在是抢救，有些滞后，要抓紧赶上来。

德清县"慈母杯"做得很有特色，全国影响力很大。永嘉苍坡望兄亭和送弟阁，也很有故事，其教育风化意义很大，完全可以做一篇大文章。

杨树标：

一个地方的文化内涵，有就有，没有就没有。

永嘉是有很深的文化内涵的地方，一定要好好地把它挖掘出来，保护好，发展好。

徐启雄：

永嘉是文化大县，很多东西都是有全国影响的，但一般人都不知道。为什么？这是因为我们宣传远远不够，今后一定要把它好好宣传出来。

林华东：古建筑保护，目前有两种意见：一是不动，二是开发。我认为永嘉楠溪江古建筑要合理开发，合理利用。

施小琴：

1. 南戏保留下来，现在只有永昆了。保护永昆就是保护中国戏剧的源头。我们的祖先把永昆这一文化遗产留给我们，我们有责任去把它保护好。

2. 永昆保护，要成立一个小组。这是最后一次机会，温州市里也应该引起重视，因为这也是全市的事情。

祁茗田：抢救永昆或者古村落，光靠投入还不行，如果思路不清就白白浪费了，甚至于走向反面。所以，我们要看投入之后怎么办。

李青：我和大家一样，发表一点意见。省委6月份要召开一个会议，讨论确定建设文化大省的战略。所以，我们这次调研的任务很重。

关于永昆，我想要研究如何建设两支队伍的事。一是演出的队伍。现在只有 7 个人，太少了，要适当扩大，要适当发展。特别是在永嘉本县的少艺校里，要适当进行教育，积极培养苗子。同时，要采取不同方式，逐步培养一批永昆爱好者。二是观众队伍。永昆要主动走向基层，深入群众，接受群众的意见，对演出节目、演出方式进行一些改革，让群众更容易听懂、接受，不断壮大属于永昆的观众队伍。

瓦窑山古窑址与七圣殿传说

◎ 徐崇统

上三房是乌牛街道的一个行政村，由上三房、下垟、听底、湾底、墩底、下东等六个自然村组成。整个村落沿着乌牛溪的支流马岙溪，呈长条带状分布。在该村范围内，有瓦窑山、听底、七圣殿等三处古窑址。附近地方，还有一个洪山古窑址。现在，它们都是永嘉县级文物保护单位。

瓦窑山窑址，位于上三房村瓦窑山山麓，坐西朝东南，分布面积约 8000 平方米，堆积层厚约 1 米。主要产品有碗、盘、罐、灯盏，胎质细白坚硬，釉色淡青，匀净光亮。纹饰以刻画水草、莲花纹为主，制作规范，精制而富于变化。碗类口部有折唇、敞口、敛口多种。底部有平底、矮圈足、高圈足三种。尤其是高圈足碗，口沿、圈足细薄，周正光滑，于平易中见神采。窑具有笔筒形匣钵，矮足喇叭形底座和垫圈。烧制时间为宋代。

听底窑址，位于上三房村听底后山南坡，面积约 400 平方米。堆积层厚约 0.6 米。出土有碗、盘、钵、茶托等。胎质坚硬细密，呈灰白色，釉色呈青绿或酱色。窑具有喇叭形垫座、匣钵等。烧造时间为五代至北宋。

七圣殿窑址，位于上三房村七圣殿山北坡，面积约 700 平方米，堆积层厚 1.5 米。出土文物有罐、碗、壶、盏，以浅腹外撇足碗居多。胎质坚硬细密，呈灰白色。釉色有浅青、青中泛黄和酱色三种。窑具为矮足喇叭形垫座。烧造时间为宋代。

2023 年 5 月 22 日下午，我陪县民宗局张德周局长一起去乌牛参观七圣殿。同行的还有郑灿荣、谷峰等两位朋友。邀请我们去的是大联村的陈正克先生。我们先去看瓦窑山窑址与七圣殿。瓦窑山、七圣殿两处遗址所在的地方在墩底自然村，相隔很近。窑址在一块原来大概是种番薯的园里，至今还裸露出很多陶瓷碎片。七圣殿则只是一座很普通的神庙。庙门外写着南窑庙三个字。墙脚跟则立着两个石碑，分别是：永嘉县文物保护单位

瓦窑山窑址

永嘉县人民政府一九八三年一月公布

永嘉县人民政府二〇一七年一月立

永嘉县重点文物保护单位

瓦窑山窑址

永嘉县人民政府一九八三年一月立

永嘉县文化馆

南窑庙就是七圣殿，殿内一个香炉上刻"七星庙"，而殿堂前则挂"七圣观""七圣庙"两个匾额。大殿里供奉着七座神像，边上供奉一个娘娘的神像。

南窑庙内围墙上有一个重建七圣庙碑，碑文大概也是村人自己所撰，虽然文理难通，但也给我们提供了一些他们祖上代代流传下来的相关信息，对于研究瓯窑历史颇有参考价值。

重建七圣庙碑志摘抄：

一、二、三位圣王，出身于江西龙门县林家山杨家村。圣父公直无私，忠良之人。后周三年（951），广顺皇帝登位时，因出奸臣魏君贤，奏本圣上国家可做陶瓷向外国贸易。圣上问谁人可做陶瓷。魏说：江西龙门县杨道七、杨德圣、杨深民三人可以去做。压给他们的任务特别重，三人没有办法，奸臣所害，三人逃难到了福建。寻到蒲田县，遇到陈神、陈通。后来到金城县，遇到王广、王达。共成弟兄七位，来到浙江。路上又遇上魏君贤的小女魏桂香。自道被父所害，逃难在路中。七位兄弟听说后，把她带上一起走。游到永嘉东岙龟山地，开基创业不吉庆。中到听底龙口地，没有成功出售难。后到墩底老虎山，茅屋搭在墩底住。碗窑就造老虎山，烧的时间不长久。未烧成功早塌窑。七兄一妹带佛骨，老君指引上天曹。

后来，陈氏太祖移居来到五家墩，看见屋基古地方，不见砖瓦，只见三块石板造成庙亭。内有瓷感炉盏。陈氏太祖开垦此地，吉庆兴旺。陈氏太祖为首者，邻里各姓太祖创造小庙老虎山安着。已重建多次。到了公元2004年重建。

此处参观后，陈正克带我们去大联村。大联村在山上，是上三房村的隔壁村，由中庵、大木山、李田寺等三个小山村组成。大联山是乌牛早茶的主要产区，到处是茶园。

陈正克介绍说，他的老家在大木山自然村，全部姓陈，是从上三房迁徙上去的。因此，上面也有一座七圣殿。大木山村的七圣殿坐落在村口的一个小山坪上，场地开阔。只是庙宇有点旧，村民想推倒重建。此行目的就是想请我们帮助给挖掘一下七圣殿的历史文化，同时希望能在宗教政策上找出一条可以重修的路。在大木山，正好遇到县文化旅游局副局长陈益珍，他也是这里人，刚好回家看父母亲。因此，他和大家一起参观村里的风光，也聊起大木山村名字的来历。我说原来应该就是老虎山这三个字。温州话中，老虎叫大猫，读音与大木两字相近，所以后来就写成大木了。大家都觉得有道理。

乌牛之行中，我本人对七圣殿很感兴趣，对关于七圣成神的传说也很感兴趣。因为这是目前所知唯一一座和瓯窑有关的神庙，对于了解或研究瓯窑的历史很有意义。所以回来后，又先后几次打电话给陈正克，让他帮助了解一些相关的情况，比如陈氏宗谱里面的记载，当地的一些小地名，祭神习俗等等。据陈正克反馈：1.陈氏迁居五家墩（墩底）村，始于明嘉靖年间，至今约500来年。大木山陈氏，从墩底迁徙上去现在已经繁衍到15代。按照一代20年计算，应该已有300年的历史了。2.墩底陈氏的宗谱中，有南宋宰相陈宜中的记载，有几道皇帝敕封陈宜中曾祖父母、祖父母以及他夫人的诏书。3.告知碑记中提到的三处地名：东岙龟山在邻村洪山对面，属于乐清东岙村。听底、墩底是上三房村的自然村。4.七圣殿神主的圣诞在农历七月初七，每年都会举办祭拜活动。5.附近村落几乎没有七圣殿。同时，我自己也查找了很多资料。综合相关内容，我们可以将七圣殿及其传说中解读诸多有关瓯窑的信息：

一、七圣殿传说的主要内容。

根据碑记，可以将其重新归纳：在五代后周广顺年间（这是后周太祖郭威的年号，在公元951至953年间），朝廷里出了一个奸臣叫魏君贤（应该是魏忠贤，此处不是实指，是后世民间泛指奸臣的代名词），他上奏皇帝要求烧造陶瓷，与外国贸易。皇帝问谁能做这件事。他说江西某地有杨道七、杨德圣、杨深民三个人能做。于是，朝廷就给这三个人压下很重的任务，让他们做。杨氏三人被逼得没有办法，就出逃了。他们首先逃到福建，在莆田县遇到陈神、陈通。一起结伴而走。后来，来到金城县（据查福建没有金城县，历史上只有甘肃省有一个金城县，也许王氏两人就是甘肃金城人，也是陶瓷匠人同行），又碰到王广、王达两个人。因此，就结拜为七兄弟，一起到浙江来。在途中，恰巧又遇到魏君贤的小女儿魏桂香，因她也是为父亲所害，流落在外。七兄弟听了她的遭遇后，非常同情。因此，就让她随着七个兄弟一起到浙江温州永嘉。"游到永嘉东岙龟山地，开基创业不吉庆。中到听底龙口地，没有成功出售难。后到墩底老虎山，茅屋搭在墩底住。碗窑就造老虎山，烧的时间不长久。未烧成功早塌窑。七兄一妹带佛骨，老君指引上天曹。"这几句话应该是后来参龙师傅编的歌词，非常生动、真实地记录了七兄一妹八人在永嘉从事陶瓷生产制作的经过。

二、碑文记载的传说内容，透露出几个信息：1.据《永嘉文物》一书记录，乌牛境内的几处瓯窑古窑址，它们的烧造时间大概在五代、北宋或南宋时期。这与七兄一妹到永嘉的传说时间相吻合。2.在当时，永嘉瓯窑制造业的名声已经很大，因此会有很多外地的师傅慕名而来。而且，沿着楠溪江、瓯江地区的瓯窑窑厂已经很多，后来者只能去乌牛上三房这些相对偏僻的地方发展。3.瓯窑生产首先要考虑交通和窑土。古代的交通，以水路为主。所以，从业者也是"逐水土而居"的人群。听底窑址离小溪比较远，所以销售比较难。而乌牛上三房一带虽然偏僻，其他几处瓷窑还是可以通过马岙溪、乌牛溪将陶瓷产品运输出去。料想当年商港温州的码头上，对外贸易的商船上，一定会有来自上述几处古窑中生产的产品。

三、八兄七妹是当时陶瓷从业者的一个缩影。他们的负担很重，他们的创业之路充满风险。他们可以说是创业的失败者。可以说，他们是走投无路，最后一起跳进窑火里烧死的，结局很悲壮。当时，他们也很幸运——在上三房这里，世代留下了七圣成神的传说。还有一座庙宇，能够享受千秋香火。

永嘉古道历史脉络

◎ 徐逸龙

明代江心屿谢公亭谢灵运像碑拓片

东晋江山称永嘉，有山水窟之誉。勾勒永嘉境内水系及古道分布格局，疏通历史沿革，研究地名和语音变迁关系，是探索中国山水诗摇篮成因的有效途径。名山不会无缘无故成名，也不会突然销声匿迹。研究谢灵运身前的名山成名之由，就是寻找诱导谢灵运到此一游的人文背景。研究谢灵运身后的名山兴衰脉络，这是解开谢灵运笔下景点属地众说纷纭缘由的金钥匙。访问乡村长老，并作实地考证，才能明确历代正史、方志、宗谱所记山水地名的准确方位。

楠溪官道沿革

永嘉通往仙居、黄岩的楠溪古道历史悠久。楠溪大小源交

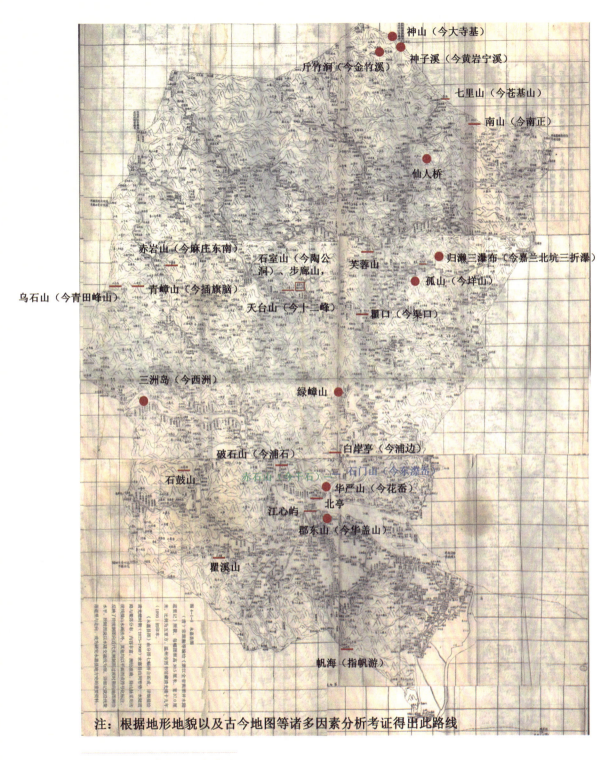

神山（今大寺基）

神子溪（今黄岩宁溪）

斤竹涧（今金竹溪）

七里山（今苍基山）

南山（今南正）

仙人桥

赤岩山（今麻庄东南）

石室山（今陶公洞）、步廊山，

芙蓉山

归濑三瀑布（今嘉兰北坑三折瀑）

乌石山（今青田峰山）

青嶂山（今插旗脑）

天台山（今十二峰）

孤山（今坪山）

瞿口（今渠口）

三洲岛（今西洲）

绿嶂山

破石山（今浦石）

白岸亭（今浦边）

石鼓山

赤石矼（今千石）

石门山（今东滢岙）

华严山（今花岙）

江心屿

北亭

郡东山（今华盖山）

瞿溪山

帆海（指帆游）

注：根据地形地貌以及古今地图等诸多因素分析考证得出此路线

谢灵运行踪路线点位 - 古地图

汇的瞿口（今作渠口）属于新石器晚期黑炭陶文化遗址，距今 6000 年前已经有人类在此生活生产，形成聚落。楠溪中下游有新石器古文化遗址上塘正门山、屿山杨府庙遗址，枫林镇蒋家岭、茶寮岭遗址等。黄南乡岩龙村五肩坑和仙居县淡竹乡上井村吴山坑分水派流处的韦羌山天柱岩，海拔高度 904 米，岩体高 200 多米，上有古越族文字。宋陈耆卿《赤城志》卷二二《山水门四》载，仙居"韦羌山，在县西四十里，绝险不可升。按：《临海记》云：此众山之最高者，上有石壁，刊字如蝌蚪。晋义熙（405—418）中，周廷尉为郡，造飞梯以蜡摩之，然莫识其义，俗传夏帝践历，故刻此石。其后，守阮录携吏民往观，云雨晦冥，累日不见而旋。旧有绿筠庵。"

战国时，楠溪下游建立东瓯国都城。

南北朝郑辑之《永嘉郡记》："瓯水，出永宁山。昔有东瓯王都城，有亭，积石为道，今犹在。"《汉书》卷一九《百官公卿表第七上》："大率十里一亭，亭有亭长；十亭一乡，乡有三老、有秩、啬夫、游徼。三老掌教化，啬夫职听讼，收赋税，游徼徼循禁贼盗。县大率方百里，其民稠则减，稀则旷，乡、亭亦如之。皆秦制也。……凡县、道、国、邑千五百八十七，乡六千六百二十二。亭二万九千六百三十五。"

东汉时，罗东瓯窑作坊经济兴起。汉顺帝永和三年（138），以章安县东瓯乡建立永宁县，县治位于今瓯北罗浮一带。东晋太宁元年（323），因永嘉缥瓷生产发展，经济水平提升，建立永嘉郡。唐代诗人赵嘏（jiǎ）《张又新除温州》诗中提到"东晋江山称永嘉"。

南朝宋永嘉太守谢灵运任内下乡考察乡村、物产、风俗，欣赏沿途山水，感悟人生真谛，写下不朽诗篇，名闻东南，永嘉就有山水诗摇篮之称。谢灵运诗文介绍楠溪大源闽浙驿道沿线有北亭、赤石山（今千石）、白岸亭（今黄田浦边）、石门山（东漈岙）、绿嶂山、瞿口（今渠口）、芙蓉山、枫林岭（今蒋家岭）、孤山、归濑山（今嘉兰、老庵、北坑一带）、七里山（张溪苍基寺）、神山（谐音作尘山，今大寺基），溪涧有楠溪、筋竹涧、神子溪。谢灵运《游名山志》："永宁、安固二县中路，（石门）东南便是赤石。"赤石，即今黄田千石码头，楠溪江大桥头谢灵运塑像所在。谢灵运介绍瞿口到芙蓉古道说："芙蓉

山，去瞿口五（应作三）十里，西南上三峰四峇石，并高三四尺（当作丈，或作仞），森然如芙蓉，红赤相映，因以为名。"

东晋时，永宁县（今永嘉县）东北筋竹涧（今张溪支流金竹溪）和临海县南部（今属黄岩县）神子溪（今宁溪大坑）分水岭，有仙石驿。南北朝孙诜《临海记》："山上有石驿，三面壁立，俗传仙人王方平居焉，号王公客堂。"谢灵运《游名山志》："神子溪，南山与七里山分流，去斤竹涧数里。"又有《筋竹越岭溪行》诗："逶迤傍隈隩，迢递陟陉岘。过涧既厉急，登栈亦陵缅。"介绍永嘉、临海两郡分水岭驿道环境。斤竹，又作筋竹、金竹，即今乡人晾晒衣服的桁竿竹。

谢灵运《游名山志》记载楠溪小源古道沿线的石室山（今大若岩陶公洞）、赤岩山（今巽宅镇麻庄、邵坑村山场）、青嶂山（下嵊上铁坑源头）、

乌石山（今青田县黄垟乡峰山村西南寨尖亭）。谢灵运《游名山志》："赤岩山，水石之间，唯有甘蕉林，高者十丈。"赤岩山，位于巽宅镇麻庄村山场范围之内，麻庄村民称作赤岩头。甘蕉林，是永嘉县常见的庭院观赏植物。麻庄村内邵志藏屋前道坦、叶星枢屋后和村外溪坑长岩坦都有土芭蕉生长。永嘉西部瓯江支流荆溪古道济岭至霞嵊，与楠溪小源古道会合。陶弘景慕永嘉山水之名，从东阳出发，经过永康、缙云，越济岭，沿荆溪而下，到达永宁县城，投奔县令陆襄，然后携永嘉弟子周子良隐居楠溪小源青嶂山、赤岩山、乌石山、石室山。

宋王溥著，牛继清校证《唐会要校证》卷八六《关市》："关必据险路，市必凭要津。"宋叶适《登北务后江亭赠郭希吕》介绍亲历楠溪下游后江税务司业绩，亲闻东瓯国都城沿革及南朝永嘉郡守谢灵运、颜延之任内发展农桑经济，亲见宋代城墙与道路情况说："何必随逐栏头奴，日招税钱三万亿。前灵运，后延年，桑麻旧国常菀然。城颓路阙总令好，不知于人安稳否？"亿，古代作十万。明王瓒《弘治温州府志》卷二《公署》："税课司，在县西街。""楠溪税课司，在三十四都。"

古代驿道属于兵部管理。《旧唐书》卷四三《职官二》：兵部驾部司，"掌邦国舆辇、车乘、传驿、厩牧、官私马牛杂畜簿籍，辨其出入，司其名数。凡三十里一驿，天下驿凡一千六百三十九，而监牧六十有五，皆分使统之。"同书卷一七一《裴潾传》："馆驿之务，每驿皆有专知官。畿内有京兆尹，外道有观察使、刺史相监，台中又有御史充馆驿使，专察过阙。"《新唐书》卷四六《百官志》：兵部职方司，"凡图经，非州县增废，五年乃修，岁与版籍偕上。"《五代会要》卷一五《兵部职方司》：后唐长兴三年（932），五月二十三日，尚书吏部侍郎王权奏："伏请颁下诸州，其所送职方地图，各令按目下郡县镇戍城池，水陆道路或经新旧移易者，并须载之于图。其有山岭溪湖、步骑舟楫各得便于登涉者，亦须备载。"地图所载内容偏重

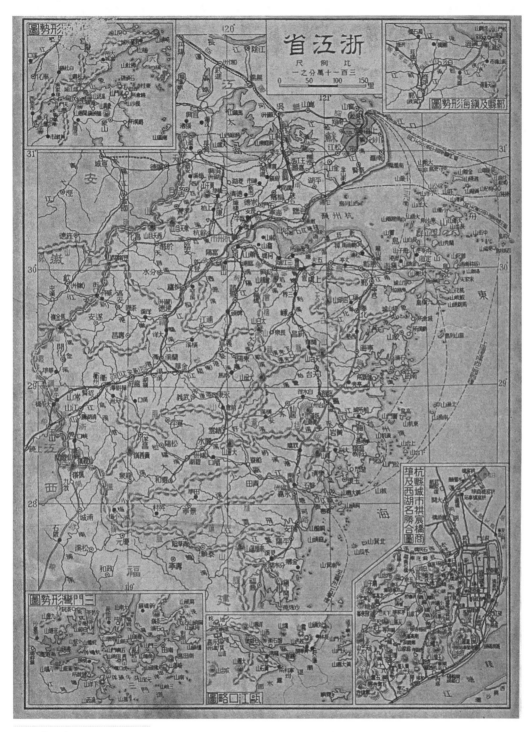

民国前期浙江省地图

永嘉古道历史脉络

图1-19 《中国新舆图》之浙江省瓯海道
选自陈镐基编著《中国新舆图》第十四图《浙江省》。
商务印书馆民国六年（1917）第三版，比例尺1:140万，
图框尺寸高31.1厘米、宽46.8厘米。
此图反映"瓯海道"设置初期（1914年至1927年间）
的范围及辖县情况。

温州府图组

于为军事服务。元马端临《文献通考》卷六三《职官考十七》："镇戍关市官，隋镇置将、副，戍置主、副，关市置令、丞。唐因之，各有上中下三等。关令，古官。戍主，晋、宋之显职。宋制，诸镇监管掌巡逻盗窃及火警之事，兼征税、榷酤（酒专卖制度），则掌其出纳会计。镇寨，凡杖罪以上并解县，余听决遣。"

在民国初年浙江省地图和瓯海道地图上，闽浙驿道沿着楠溪及支流张

溪而行，楠溪段属于最高等级驿道主线。到达南京（建康）以后，再通往洛阳，这条驿道在永嘉与中原文化交流方面起到重要作用。唐张说《南中别蒋五岑向青州》："愿作枫林叶，随君度洛阳。"为楠溪驿道作最形象注脚。唐乐安县（今台州仙居县）项斯《送友人之永嘉》介绍楠溪驿道说："城连沙岫远，山断夏云高。犹想成诗处，秋灯半照涛。"

明张文选《仙居乡福佑鲍氏家述》介绍驿道经行处福佑、双庙历史说：唐时"永之始祖绍述公（859—924），因僖宗时巢寇来追（878），猖獗肆虐，公从闽迁于瓯之东社仙居乡双庙之隔水，依山为城，环水为池，地名福佑。传二世，越后梁乾化（911）至蜀光天（918）时永瑞公，至后唐后晋后汉后周（923—960）历十一主历年三十又八，至翔凤公、春辉公，遂日蕃矣。至宋景德（1004—1007）时大成公、灿箕公、敬蕴公，虽勿显而子孙昌炽，聚族而居，世人称其夿曰鲍夿。族人因乡名福佑（按《弘治温州府志》卷六《邑里》，应作里名福祐），遂建寺曰：福佑禅院"。福佑禅院，在仙居乡，宋大中祥符元年（1008）建。双庙前为黄岩、仙居到永嘉的古道交汇处。宋皇祐（1049—1054）间，永嘉县五十二都陶山陶泰和任里溪（今鲤溪）都巡检。① 黄南西北邻近仙居的古道上的里司坑，也有军事防卫设施。宋高宗建炎（1127—1130）间，张溪东部通往黄岩的里上坑牛角尖立有山寨，抗金勤王。宋端平（1234—1236）间，蒋仁信自仙居县田市柘溪口迁居楠溪双庙龙首山下抱川谷口，双溪合抱，巨岩砥柱中流。其曾孙蒋开宗捐资重建双庙，蒋继宗捐资塑绘近邻福佑寺大佛像。②

宋代，永嘉县城北铺路起点从东门安澜亭移到朔门，江边有双门驿站。楠溪下游永宁山有驿站，北宋永嘉元丰九先生之一周行己《题永宁传舍》：

---

① 徐永明、杨光辉编《陶宗仪集》之《陶宗仪年谱》，浙江人民出版社，2005年11月，第652页。
② 鲤溪抱夿《蒋氏宗谱》。

清光绪十八年（1892）年永嘉全境图上的白岸村

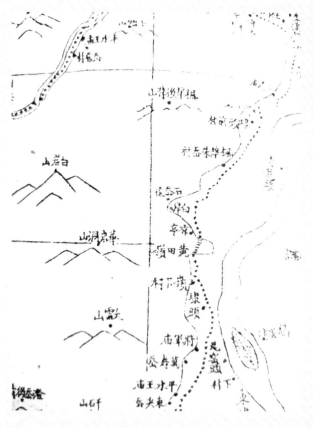

"下马古驿亭，开轩竹修修。"中游有楠溪管界巡检司和枫林监当镇，上游有里溪都巡检司和双庙镇。里溪驿站是宋代寺院双庙遗址，号称双庙前，靠近福佑、鲍岙。后来，这里成为鲤溪乡政府驻地。永嘉四灵之一徐照《李溪曲别郑遇》："七十二滩声共闻，一朝路向李溪分。梅花无情动春梦，未好忆家先忆君。"

元末刘基沿着温台古道而来，有《壬辰（1352）岁八月自台州之永嘉度苍岭》诗云："昨暮辞赤城，今朝度苍岭。"清陈遇春《楠溪道中》："清滩乱卷金沙水，苍岭高缘石壁梯。"有学者为刘基诗作注释，把楠溪苍岭误作仙居、缙云交界处的苍岭。

明末钱谦益《越东游草引》："梁溪黄心甫游娥江，薄游东嘉，登池上楼，出西射堂，访南、北、白岸亭。已而越楢溪，上天台，践滑石，临石梁而后返，出其记游诗文以示余。"[1]北亭位于楠溪江口。白岸亭，位于楠溪黄田浦边村（古代白岸村）。

---

① 钱谦益《牧斋初学记》卷三十二。

清康熙元年（1662）十月，嘉兴朱彝尊随同王世显到永嘉，居住年余。有《永嘉杂诗二十首》涉及永嘉县城乡松台山、斜川、青牛坞、春草池、太玉洞、东山、南亭、西射堂、北亭、孤屿、谢客岩、花柳塘、吹台、吴桥港、白水漈、斤竹涧（今金竹溪）、瞿溪、华严山、上戍渡、绿嶂山二十处名胜古迹，另有《东瓯王庙》《华阳精舍赠源上人》《郡东山对月有怀周吉亥陈忱吴周瑾》《秋日对酒江心寺同高石埭作》《夜渡永嘉江入黄岙》《孤屿亭对月》《雨夜渡永嘉江夜入楠溪》《题廊下主人壁》《华坛（今花坦）望雁荡山歌赠方十三朱生朱十八振嘉》《文丞相祠》诗。（《曝书亭集》卷六）又有《高太常（逊志）啬庵遗稿序》："予尝游永嘉，登华坛、青嶂诸山，遥望所谓芙蓉峰者，丰容窈窕，出没林表。思遂揽龙湫、雁宕之胜，并求先生之墓拜焉，而寒芜秋兔，山蹊尽塞，访之蓑夫樵竖，而不可得矣。"（《曝书亭集》卷三十六）《东瓯王庙碑》："岁在癸卯（1663），予游永嘉，乃得谒王之庙于县治之东华盖山之下。庙久不治，言之知县事汉阳王君世显修葺之。王君许诺，以予之将归也，先请予文，纪之石。"（《曝书亭集》卷六十九）

明王瓒《弘治温州府志》卷二《永嘉县津渡》："潮际渡，在四十都。金车渡在四十七都（枫林）。"清陈遇春《潮漈晓望》介绍楠溪潮漈官道驿路说："板桥官渡口，月白有人行。"朱步墀《厚田诗稿》有《将军岩歌序》："岩在渔田忠佑庙前岸，然卓立似有弹压群峰之势，故额曰将军。旁有一阁曰望仙，嵌空而建，觚棱隐隐，浮柱悬悬，洵溪山名胜也。"陈遇春也有《将军岩》诗。晚清王德馨（1819—1888）《由包岙至枫林途中即景》："过桥遥见帘招酒，隔岸忽闻歌采茶。耕罢老牛归渡水，浴余雏鸭倦眠沙。"

清末曾瑛《春日游江心寺》："春水船随官渡柳，夕阳僧打寺楼钟。河山半壁留奇节，裙屐千秋访旧踪。"清代，江心屿仍有递务所，江北岸有龙桥码头。1937 年，杨骁《箬岙滕公亭记》介绍清末罗溪箬岙吴廉臣弱冠入温标，奉令赴任楠溪双庙汛，"徒步行群山万壑间，重岗复岭，削壁千层，悬布飞泉，长流万仞。"

楠溪支流巽宅麻铺，都是驿站馆舍遗址地名。枫林赤岸茶亭、东岸庄茶寮岭茶亭、巽宅麻庄赤岩前寺茶亭是西楠溪流域驿道公益供茶点遗址。

珍溪上游西湾头林场所在地的杜管（馆），方音称杜棍，原来也是军政地名。杜管为永嘉、乐清两县交界地带，设置管社，涉及军事交通因素。正岗山林场场部驻地西湾头军寮有宋末抗元将士朱孟善塘坟。

谢公田村的社庙，应是管庙。北宋乡管制度从唐末五代地方制度继承改革而来，与原有的军事体制有关。晋城后唐《建乾明寺碑记》后列施主，有"建兴乡砂城里柒扦管"字样。《宋会要辑稿·职官》四八之二五，"诸乡置里正，主赋役。州县郭内旧置坊正，主科税。开宝七年（974），废乡，分为管，置户长，主纳赋。耆长主盗贼词讼。诸镇将、副镇、都虞侯，同掌警逻盗贼之事。"详见杜正贞《村社传统与明清士绅——山西泽州乡土社会的制度变迁》第三章第二节《从水东管到七社十八村》。

赵世瑜《从田野中发现历史：民间文献、传说故事的知识考古》："这个管的系统，实际上是从唐代就有的，到了宋代熙丰——就是熙宁、元丰前后，王安石变法时实行了一系列改革，包括设立保甲等等，就把州县以下的管这一级给撤销了。但是从碑文中看，历经元、明，这一级东西实际上依然还在，当然起不起作用并不知道。我们看到的这个晋城府城村的玉皇庙，可能就是管一级的社庙，或者就是管庙。它下面的七社十八村就都与这个管庙发生了关系，也许它们曾经都属于这个管的范围。所以在某个较长的历史时期，在这个管的系统下面，又有一系列的社、村。"[1]

---

① 赵世瑜《博雅好书》，2017 年 12 月 26 日发布。

永乐商业古道

陡门罅溪沿线的永乐古道为闽浙驿道的支线。《永嘉县水路道里记》："中堡村，自渔田村东北行，过水碓村，折而东，至此六里。朱山坦头村，自中堡村东南行，至此七里。罅岭（前庵村东），自朱山坦头东南行，至此五里五分。水满塘（陡门村南），自罅岭南行，折而东，迤北，至此七里。东坑村东，自水满塘南行，折而东，至此四里二分，与乐清县分界。"前庵，今作全安。

按《永嘉县水路道里记地图》标注楠溪古道枝线陡门古道，从古庙口起，经水碓头村、中堡村（全山）、朱山坦头村、前庵（今全安）村、罅岭、大溪村、水满塘（陡门村南太阴宫之南）、西东坑岭，到东坑村。地图标注地名另有：罅山，今称蒲瓜罅。罅溪桥，位于前庵（今全安）村通往西林垟村路段，洪水期水流湍急。乐清人经常取道于此，进入永嘉境内，贩卖海货。今有水泥桥通车。味山，今称籴米山。

现代永嘉籍历史学者胡珠生出生于陡门珠山岩下，到了上学年龄，父亲桂夫把胡珠生送到虹桥小学入学。其作品记录民国时期永嘉渠口、陡门和乐清虹桥之间交通古道和文化交流状况，尤其提到五雷山赤岩爷崇拜情况。《胡珠生自订年谱》："1937 年抗战爆发，日寇飞机在温州盘旋投弹，胡珠生母亲（青田尹氏）惊恐万分，跪在桌下祈祷，求赤岩爷保佑，当晚立即迁居，后家永嘉陡门山面大溪村外舅公陈玉丰（岩荣）家。其时，胡珠生在康乐小学（温州九小）就读六年级。1939 年下半年，家住大溪，被父亲送到乐清虹桥（沙河）小学读六年级，离大溪六十里，翻山越岭。回来时，满口虹桥话。该校教师水平高，有日本留学生，多高师毕业。1940 年，家住大溪，后迁居珠山岩下。"胡珠生《济中生活的回忆》说："当时我家因逃避日寇飞机的轰炸，从温州城内搬到楠溪步北乡（今全安乡）大溪舅公家居住。不久又迁居珠山岩下。1940 年 6 月，我从乐清虹桥小学毕业，当即考入济时中学读秋季一年级。每次从家里到学校，要翻阅漫长的上路垟岭，经稠树、霞渡潭，过渡到九丈，再过渡到渠口。岭半腰有碧波荡漾的湖泊，有风姿绰约的岩峰。吸引我驻足观看。稠树的茂密松林，霞渡潭的汹涌洄流，渠口凤凰岩的巍峨壮观，更使我体会到楠溪山河的秀美。"我在虹桥小学的同班同学臧孙敏、王国瑜、李乃仑，接着也考进来。"

民国永嘉陈寿宸《罅溪桥》诗并注："溪在永嘉四十一都，为瑞平及台之通渠，商旅往来。常苦徒涉，桥成复坏。 海涛襥人魄，山泉亦为殃。过客悲徒涉，灭顶罹其凶。罅溪势险恶，源深流愈长。上游耸石骨，百尺临崇冈。岸阔数十丈，风寂澜自狂。前途赤城兀，烟波隔苍茫。回首多孔道，乐成与横阳。商旅自接踵，欲渡嗟无梁。谁为填灵鹊，输金群解囊。长虹跨断岸，影与波低昂。二昇供翔步（步昇、安昇二桥），济人捷于航。天吴姿为虐，积石付汪洋。寒暑才一易，行者仍褰裳。死或葬鱼腹，生亦冻且僵。父老不忍视，中夜劳彷徨。百计求规复，民穷岁复荒。舆乏济溱洧，财殚同发棠。坐乏山涧水，崄巇俸瞿塘。石散倘仍聚，将挽沧与桑。乞诗作将伯，夙愿待予偿。我吟含歌泣，令人断肝肠。梦想灵鼍驾，踯躅云水乡。安得弥缺憾，坦然地平康。山洪不重发，海国时雨旸。菽粟如水火，民乐岁丰穰。溪潭消蛟鳄，当道除豺狼。荡荡履如砥，行路难可忘。"（陈寿宸《意园诗钞》卷四）

据《光绪永嘉县志》，陡门山属于清通乡四十一都。1937 年，有步北乡，后改全安乡。1944 年，称第七区陡门乡。1949 年 5 月，建政陡门乡、全安乡。1953 年，全安乡迁驻山溪头，改名金竹乡。1956 年，陡门、金竹两乡合并，成立陡门乡，驻地陡门。1958 年，迁往全安，建立陡门管理区。1961 年，调整为陡门人民公社，1984 年改称陡门乡。今陡门村口仍有石板桥。步昇桥、安昇桥，应在全安村、陡门村境内通往乐清的古道上。

瓯江沿线官道

永嘉县瓯江沿线驿道，东有乌牛象浦馆，西有桥头白沙驿。谢灵运介绍瓯江沿线西向古道有孤屿、破石、三洲（今桥头白垟、鹿城西洲岛一带，北宋称长安乡三舟里）。永嘉乌牛象浦有瀛壖馆，俗称象浦馆。谢灵运考察永嘉郡城东部海面，有《游赤石进帆海》诗："周览倦瀛壖，况乃凌穷发。川后时安流，天吴静不发。"瀛壖，义同海壖。清末赵启麟《闻杏村（江春霖）归养有寄》："海壖东望总苍茫。"（《赵启麟集》卷六）

唐萧颖士（717—768），开元二十三年（735）进士及第，授秘书省正字。天宝初（742），奉使括苍，遗书赵卫间，淹久不报，为有司劾免。有《蒙山作》："东蒙镇海沂，合沓余百里。""白鹿或几游，黄精复奚似。"《越江秋曙》："潋滟信潮上，苍茫孤屿分。"孟浩然有《永嘉上浦馆逢张八子容》诗。上浦，即象浦，在今乌牛码道村。

北宋参知政事赵抃《早离温江夜泊白沙步》："渔火遥连市，村扉半掩柴。"《宿象浦驿记梦》："昔岁阻风京口日，今离象浦复徘徊。"朱士濂《乌牛》诗："怪石奇峰号作牛，江边独立几千秋。春苔满背如毛润，夏雨淋身似汗流。青草盈山难入口，金鞭狂打不回头。虽然有鼻绳难系，天地为栏夜不收。"其后渡迁馆头，瀛壖馆亦因之而迁，

明洪武元年（1368），永嘉县在城里安丰桥西创立驿站，仍然以象浦命名。后来，移到拱辰门（今朔门）外。明万历（1573—1619）间，乐清县推官王允麟督民开辟琯头经乌牛越圣女尖北长关岭、罗溪村，抵港头新路，过江至永嘉县城。清康熙三十九年（1700），裁驿丞，归并永嘉县。乌牛近处有挂彩铺，铺司兵三名。

清乾隆五年（1740），永嘉县知事何树萼《永嘉乌牛义渡碑记》："永邑三十六都乌牛村，地濒大江，右达郡城，左连乐邑，远接台宁，直通闽越，洵水陆之孔道，为往来的要途。向有渡船马道，原系本村蒋氏砌造。"永乐界河上有滕家桥。《光绪永嘉县志》卷三《桥梁》："滕家桥，在三十六都乌牛浦。明里人滕姓建。按：桥长二十余丈，阔仅尺许，用板木架板为之，危险异常，行者有沦胥之患。同治五年（1866），例贡叶锡金悯之，初拟易木为石，则风潮冲击，泥淖中人力难施，因以坚木支拄而阔焉。置田十亩，并劝地民捐十亩益之，以所入为岁修费，至今人颂其德云。"清光绪八年壬午（1882），傅传《滕家桥舍田碑记》："永嘉三十六都有象浦焉，亦曰上浦。唐孟襄阳《永嘉上浦馆逢张八子容》诗即此地也。跨浦而桥，曰滕家桥。"民国元年（1912），永嘉县知事金兆棪《安乐亭茶碑》："乌牛马道设有义渡，往来郡城航路停泊之处。盖此埠下至玉环、灵昆，前至膺符、永强，上至青田各溪，洵为交通便利之区，盖此土岸，当途屹立，建有一亭，名曰安乐亭。……于是（徐）璘等发起，邀自治职员徐福华，集议捐舍田亩，创立施茶美举。"

瓯江西向官道，有宋吴驲《之官纪行诗草》介绍甚详。宋嘉定丙子（1216）八月初五日，吴驲自库村起行，至江口村备舟十二只。十一日，早抵邑城（瑞安）。十七日，抵郡城（温州），寓左史郭君宅。廿四日，移寓双门驿，备舟瓯江。廿五日，游江心寺，有《宿江浒望孤屿即景》云："征帆已向安溪指，江月相留过此宵。"廿六日，早发，晚宿青田石佛寮前。廿七日，停舟金田山下。廿八日，舟至石门，入游石门洞。廿九日，宿腊口。九月初一日，至括州，宿城外。初二日，谒括守吴（寺丞某）。馆予于南城莲城堂。初四日，括守即莲城堂中设宴相款，并以诗赠予，次韵答谢并以留别。初九日，重阳节，守复设宴是堂，以减字花木兰词赠别，予答以醉蓬莱。初十，由括州起行。十一日，过金坑岭，晚宿缙云县五里塘公馆。十二日，午至黄碧，晚宿李溪，系婺州永康界。十三日，至内帛村，晚登花溪桥。十四日，过东阳县陈二丈某携送食物，不及留。十五日，经善岭，过摩村。十六日，宿白沙驿。十七日，至竹溪桥，入兰溪县界。十八日，抵衢州西安县界途中。十九日，抵衢州城，晚雨，登寓楼眺望。二十日，宿平渚驿。二十，过常山县界，入豫章信州（今江西上饶市）玉山县界。廿二日，抵玉山县。廿三日，抵信州。

元徐淮《送德润王宪使回》："江心寺前潮拍堤，海坛门外日初晖。津头打鼓官船发，台上吹箫王子归。风露一天黄菊老，山川千里白云飞。浩歌击缶为君别，须忆江南有布衣。"又有《青田溪上即景》："夜来小雨打篷鸣，溪上风吹绿水平。野店梨花如雪白，客乡月明是清明。"

清代，永嘉西部荆溪韩埠与永嘉县城有直达航线和对开渡船。《光绪永嘉县志》卷三《桥梁》："秋叶渡，在西门外。渡江直达三十二都之韩埠。民间原设义渡船二只、渡夫二名，揽载多人，藉风行驶。风色不顺，易遭覆溺。同治十二年（1873），知府裕彰于太史码道及韩埠两处各设官渡，船一只。因秋叶渡来源迅急，改于太史码道停泊，每船只许装载五十人，人满即开。舵工、水手各三人，日给工食钱五十文。搭船之人行李一担，准给舵工人等钱十文。原设义渡，亦照此例，不许多索，以免官渡拥挤，滋生事端。见府档案。"

清嘉庆九年（1804），阮元《永嘉文成会序》："东瓯于浙东，为濒海郡，而永嘉居其一。距省千有余里，必下瓯江，逾桃花岭，历婺、睦二州境，鼓棹以达于钱唐。其由乐清一路至省，则经雁荡（应指大荆边境）、天姥、沃洲、嵊峰、会稽诸山水，然后由固陵渡江，跋涉崎岖，行李供亿，尤非贫乏者所能。"李銮宣《永嘉文成会序》："东嘉距虎林千八十余里，涉蜃江，溯青田溪而上，冲越滩湍，逾桃华岭诸隘，过婺郡，放舟严濑，自桐江而钱浦，水陆复沓，往返间，坐糜数十金。"道光二十七年丁未（1847），瑞安孙衣言北上京洛，取道乐清而行，沿途有《泛永嘉江晚至馆头》《今昔行赠徐惇士同年德元》《赠林恒轩大椿二首》《恒轩以诗兼贻复答之二首》《蒲岐》《濮头郑氏楼望海》《大荆驿》《大荆道中望雁山不及游》《暮度隘门岭》组诗。《元日二首戊申（1848）》："去岁有远行，行行指京洛。"隘门岭为乐清、黄岩、温岭三县交界通道。1930年6月25日，永嘉鹤盛乡麻溪村徐定魁、蓬溪谢用卿率领红军游击队在永嘉岭头乡源头誓师出发，前往台州椒江海门缴枪。27日，返回永嘉，取道隘门岭，受到大荆蒋叔南组织的民团武装围剿，被杀471人，造成浙南红军史上的隘门岭事件。

西溪济岭古道支线

谢灵运《游名山志》和陶弘景《真诰》《永嘉邑居图》所记永嘉西北部边境名山，缘西部通往缙云、仙居的交通古道经过此地。唐代大诗人李白仰慕谢灵运所游历的永嘉山水，写下"青嶂忆遥月"。清光绪《浙江水陆道里记》载，永嘉西部南北枝线，自韩埠渡口，经方岙村西北行，越夏家岭顶，又北转东，过桥下街，至东村。再过溪下、下溪村，到龙头村，至上吴村（按1988年《永嘉县地名志》区划，属六龙乡），西行过陈岙村（荆源乡湖庄东南2公里），经三官亭，西北行五里至坑口（里村西北

2公里），西北行十里，至池岭凉亭，西北行四里，至下陈叶村（今下嵊村）西北，向西北行六里，至坑里村，西行过坎下村（属石染乡），折而东北行五里五分，至黄岐坑（石染乡北部黄溙坑），北行六里，至郭坑（属西岙乡），再经泥坑口、沙弓田、长滩、横彭、灵山庙、界坑、永安桥，北行，至界鸟岭，为台州仙居县分界。徐按，自界坑（《光绪永嘉县志》作夹坑，百七十五里）西北行，经上董，至缙云县前村。石染乡黄溙坑至西岙乡泥坑口古道段西侧的黄山（今派柴坪）和垟地山（今大峰尖）为原青田、永嘉两县分界。

　　古人记载青嶂山里程错误，导致后人堕入五里雾中，不知如何探究具体位置。《光绪永嘉县志》卷二《山川》：破石山，在城西北二十里。独山（在六龙村之前，坦头垟村东南），在西北三十里，仙桂乡三十里。青嶂山，在城西北四十里。上有大湖，浩渺无际，山号七峰，水名冷水。荆溪山，在城北六十里，荆溪出焉（宋时，俞道安寇温州，由此入括苍）。其旁曰梅岙山（宋建炎后，于此置寨兵），曰陆岙山。俱在三十二都仙桂乡。

济岭顶路亭。徐逸龙摄

　　大阳山，在城北四十六都，为瓯、括分界处，西楠溪诸山之主。左行三十里为大拔山（今作大柏山，1211米），山势陡峭，石骨崚嶒。上有龙井，祷雨甚验。又十里有小拔山（今作小柏山，1015米）。

　　同书卷三《乡都》介绍各

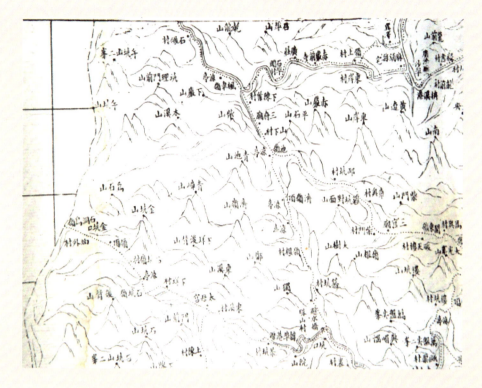

村距离县城（今鹿城）里程说：临江乡二十八都（菇溪水系），桥头七十里，黄坛九十里。石洞九十五里，白岩头（白云乡东北界）百里，黄垟百十里，金坑山百二十里，石洞鸟百二十五里。（金坑山至黄垟，今属青田县）仙桂乡三十都（荆溪水系），韩埠，水路四十五里。坦头垟，水八十里，陆百里。上吴，水八十里，陆百里。吴庄（今作湖庄），水九十里，陆百里。茶坑，水百里，陆百十里。阮山同上。娄坑（位于瓯渠东北，源出茗岙乡底岙），水百里，陆百四十里。三十一都，韩埠店头，水四十五里。桥下街，水四十五里，陆五十里。

济岭古道支线多条。桥头人挑着海货、缸、素面，沿着溪心、潘罗、白岩尖（720米）降头、黄山底垟（荆源乡）、湖庄、里村，上济岭，经过半腰亭，或者经过周山村到外宕村售卖。山霞、外宕、邵坑三村之间有古道相通。1958年，三村合并派义务工在山霞村上游百客岭建造水库，称山头水库。桥下片区人沿着济岭而上到外宕砍柴。

铁坑古道，是楠溪小源下嵊附近村庄到青田县的主要古道，从下二村经过黄章到上铁坑坳头，有5公里路程。清代赖氏自福建上杭县赤尾迁居于此种植靛青，世代相传。麻庄人经上铁坑、黄章，到青田县黄垟乡南部尖刀山龙潭求雨。

另外，济岭源头有黄村白水漈、周山红岩漈，红岩漈上为大塘，在外宕村对面。麻庄、山霞等村民常到荆源济岭红岩漈龙潭求雨。济根村东天窗寺之东吊坦漈很高。天窗寺有长塘，又称赤水塘，长宽各达数十米。

2023 年 12 月 17 日

卫承芳篆砚考释

◎ 李杰森

图 1 砚台及背面金文及其拓片

　　大概是 2000 年的某一天，我到昆明古玩城，从四川籍流动摊主手中购得一方古砚台。

　　此砚长 16 厘米，宽 10.8 厘米，厚 2 厘米。石色紫中泛红，呈浅猪肝色，破损表皮微区呈浅白色。包浆紫红略显黑色，伤痕累累，古气袭人，盈盈在握，尽显简约，精灵可爱。

砚正面上方，斫一个月牙形砚池，最深处达8毫米，中下方斫一个砚堂，深1毫米。砚面呈椭圆形，边宽7毫米。砚堂右边有剥蚀斑块。砚背额处，从右至左，横刻2个篆字（阳刻），一字损伤不可读，另一字（圆）可读。砚背正中央，留7厘米长，6厘米宽，几近正方形的一块覆手，内斫铭文二十一个篆字。都为浮雕式阳刻。砚背下部从右自左，横刻"卫承芳篆"楷书四字（阴刻）清晰可见。这正是此砚点睛之处，又是此砚文物价值的考证窗口，真真切切，绝非后人伪作。

此砚台从篆制人卫承芳算起，流传至今，历经四百多年沧桑，但除砚背额处有一个字残不可考外，大体上保持了原貌。此砚砚堂平滑，砚池不深，砚面不饰雕琢，砚背却尽显篆刻技艺。篆文精写精刻在覆手内，以圆粒浮点清底，极大地凸显了篆字的浮雕效果。覆手之方形与砚背轮廓之（椭）圆形，寓意天圆地方，是明代砚制作理念之一。砚背留有8毫米宽的椭圆边框，略高于覆手平面1毫米，在放置砚台时，避免磨损所题刻的二十一个篆字，如此精心设计及制作，保护了覆手内的文字历久仍清。

我经过近十年断续考证得出结论：此砚的篆写者应是明代万历年间的温州知府卫承芳。明史中有关卫承芳的记载如下：

卫承芳（1542—1615），字君大，号淇竹，达州人。隆庆二年进士。万历中，累官温州知府。公廉善榷字，升进浙江副使，不久谢病归。荐，起山东参政，历南京鸿胪卿。吏部推太常少卿朱敬循为右通政，以承芳贰之。敬循，大学士赓子也。赓言："承芳臣同年进士，恬澹之操，世罕能及，臣子不当先。"帝许焉。寻迁南京光禄卿，擢右副都御史巡抚江西。严绝馈遗，属吏争自饬。入为南京兵部右侍郎，就拜户部尚书。福王乞芦洲，自江都抵太平南北千余里，自遣内官征课。承芳抗疏争，卒不从。万历间，南京户部尚书有清名者，前有张孟男，后则称承芳。寻改任吏部尚书，卒于官，

图 2　砚台及背面金文
及其拓片

赠太子少保，谥清敏。（《明史·列传》221 卷，5826 页）。

　　明史中提及，卫承芳"公廉善橅字"，"橅"即"摹"也，是说卫承芳不但廉洁，还善于摹写金石文字。本砚台上的大篆，印证明史中的此一记载可靠。卫承芳至少应是万历年间的篆书高手。那么，卫承芳还有其他书法作品流传于世吗？有的。这就是卫承芳任温州知府时题永嘉"砚台岩"三个篆字，题刻时间是明万历十二年（1584）。据《光绪永嘉县志》载："合山相近之章山，有襟江亭，山下水潴处有石高三仞，则郡守伪承芳篆镌'砚台岩'三字。"砚台岩是一形如砚台的巨岩。岩高 5 米，阔 2 米多，北面岩壁上方，横刻篆体"砚台岩"三字，款为行书，自右至左直刻"万历甲申孟夏，同潘司理过访华源林大夫游此，巴东淇竹卫承芳题"27 字。

　　2016 年元宵节前后，我终于看到了砚台崖照片。

　　这张照片证实了此砚台的篆字和彼砚台崖篆字确系卫承芳同一人所书。我要感谢温州文物工作者的努力，使我们真切看到了卫承芳题写的另一处篆字。如此看来，卫承芳应是明万历年间的篆书家，得到了明史及文物的印证。

明末东林党事发，已搅得人心惶惶。身处旋涡之中的卫承芳，显然已经感觉到人心可畏。所以他在此砚上篆题了"人心之不同，如其面焉"一句。（见《左传·襄公三十一年》中的一段话语：人心之不同，如其面焉。）我以此作为线索，懂了卫承芳砚台篆题的全部字句，但过程却是曲折的：

图3 疑似文字释意参考

2011年11月，我把释文提交到刻铜文房论坛讨论，得到盛世收藏刻铜文房版主诸相非相（朱瀚）、掌柜地（冷松）的支持，得到当代镌刻家石止居（甘珩）及古文字专家行无边（网名）的指正，终于依靠集体智慧，初步诠释了所有篆文：

图4左：李冰阳谦卦铭"人"字节录

图4右：邾公华钟"慎"字节录

磨吸时，慎勿言，人心之不同，弗其面焉。

言珍宝侯印玺。

对于个别字的释意，原来有差异，后来得到了统一。

图三中第一行第四个字，似读"香""杳"，行无边认准读"慎"。石止居找到了根据：见邾公华钟铭文"慎"字节录，这样"慎勿言"，就能读通了。

第二行第三个字，似读"介"，行无边认为读"人"，这个非"介"字，其实是两个"人"叠在一起，是"人"字的一种大篆写法。金文多不合说文解字，所以比较难认。石止居也找到了根据：今从冯成沅《金石字典》

卫承芳篆砚考释

中查到李阳冰谦卦铭有此写法，这种写法两个"人"上下组合是很清楚的：

　　第三行第四字读"弗"，不同之意，"人心之不同，弗（如）其面焉"具有同等意义。汉代刘熙说："砚者研也，可研墨使之濡也。"苏轼对文房四宝特别珍爱，特别在乌台案后他感受更深，故有"非人磨墨墨磨人"的人生体会，明代万历年间的温州知府卫承芳题此砚铭时，也把磨墨与磨人糅合在一起，还告诫："磨吸时，慎勿言，人心之不同，弗其面焉。"明代的文人兴起了在砚台上雕刻诗句、铭文的风气，此时的砚台正在逐渐脱离实用功能，进一步走向艺术品。明代的砚台由此也有了实用砚和观赏砚之分。在砚背上刻写铭言警句，是明代士大夫阶层的心境常态。例如黄宗羲铭端石断碑砚曰"咄嗟大块，文章谁假，唯此岩花，于焉陶写，砚背生铭"；又如明代名臣熊廷弼，在他的砚台上刻着："自渡辽，携汝伴，草军事，常夜半，予之心，唯汝见。"但是用石鼓文和金文在砚台上题刻者并不多见。明代书家顾从义，字汝和，号研山，工书法，因得赐宫中之物石鼓砚石，即在其上摹刻石鼓文，便成今日所见之石鼓文砚台。而今"公廉善橅字"的卫承芳遗留下的篆字铭文砚台，便成了难得一见的金文砚台。金文从宋代已经被书家临摹，但没有到清代那样达到极致。毫无疑问，这方明代书家卫承芳所留下的金文砚铭，为研究金文的传承发展提供了重要的文物资料，是明末不可多得的宝贵金文砚台。

温州鼓楼街严日顺家传

◎ 严琴隐

　　编者按：1994 年 3 月，《温州文史资料》第九辑，刊发浙江省文史馆馆员严琴隐《百岁老人回忆散记》，摘录严琴隐《百岁老人家传》约 3700 字，有倡办慎社以文会友、出任图书馆长中学校长、初创武术馆概况、采取措施保护仙岩寺、著述简况五目。删除 3100 余字，涉及徐清来及胞姐徐氏、徐定超、严笑儒和辛亥革命事件的珍贵史料。多处文字与原稿不同，涉及人物名单增减，文字详略方面。

　　我名严文黼，又名文虎、文父、文慈，字琴隐，以字行。现年 99 岁，清光绪癸巳年十月（1893 年 11 月）生。温州市鹿城区人。

世籍福建，十三世祖于五代时任广西布政使司，因世乱，弃官至平阳，藏衣冠于岩谷间，遁入深山避世远去。今严公岩古迹尚存。南宋乾道间，温州遭洪水后，始迁祖从福建侯官陆行，经平阳而至温郡，初住新河街（信河街）大士门。清康熙时，再迁至鼓楼街而定居焉，住宅坐西朝东，屋前毗邻古子城谯楼，屋后是南宋高宗南渡从杭州退避驻跸行宫禁内紫薇园（古址今尚在，辇道路径，解放后遭毁）（见温州府、永嘉县各志）。先世业儒，兼事手工业，产品瓯绸。第二十一世祖讳恺公，明进士，官御史，住八字桥麻行僧街，居官鲠直清廉，不阿权贵。当街口建有石牌坊，榜书"昼锦"二字，（见《光绪永嘉县志》）"文革"动乱中遭毁。先太祖秀斋公，高高祖云发公，高祖宝祥公，曾祖显廷公，历代相承，谨守祖业。（曾祖母徐氏）开设严日顺瓯绸机坊，织造瓯绸，自产自销，诚信精勤，声誉大著，是为独家始创者。瓯绸之色彩花纹，为东瓯特产，高雅礼品，与瓯柑两物，一为衣被，不染沙尘；一为果品，可祛煤毒。宝祥公秉性爽直，急公好义，乡里如有以利相争者，必从中论其是非，排难解纷，并不惮烦。

严廷耀行事

显廷公讳廷耀，宅心敦厚，虔诚礼佛，茹斋诵经，与画师朱晓崖姻丈之尊人等建九老之会，修建神庙、崇林、道观，弘扬佛法，大兴宗教。如郡城永嘉大师兄妹宿觉、圆觉两寺，上河乡会昌镇郭溪后社堂，宋岙底、东山、永嘉大师退隐之无相寺，高寿九十五岁，亲见五世玄孙。九旬寿辰，温处兵备道宪亲书耆德遐龄，擘窠四字匾额，并序言、盖章外，更加官印一颗，颁赠致贺。二百余年来，高僧志道，皆能举言甚盛。先祖考朗如公讳振皓，清贡生，心地仁慈而明爽，乐善而好施，崇天理，重礼教，信因果，种福祉。生平出力出资，排解亲友之急者，了无吝色。如头陀寺，原系明太傅瑞安林增志公避世皈佛之庵堂，久为其孙辈寒儒所居住，因寿元、寿昌、本元（谛闲时尚年少）同诸志僧欲兴其寺，涉讼经年，而不能罢，卒之来求于先祖父，独力劝诫我外祖父（按，应作舅公）徐慕孺（按，应作穆如）公以郎舅名分，据天理人礼，排解调和之，始得永远保存。林增志公自绘之肖像，供奉方丈宝座。全寺僧众等，早晚课诵，顶礼面向，纪念功德，土地神位，塑作林增志公之孙像，以报纪念。经由各处僧众扩大兴建，成为一大崇林，与瑞安仙岩寺、茶山五美园等并列于郡东南，佛光普曜钧天。当即向北京国府请来精版佛藏宝经全部，建藏经楼庋藏之。先祖考善德之誉，于是益彰于口碑矣！曾为瑞安黄漱兰先生之孙婿如皋冒鹤亭先生，在徐班侯表伯座上，向先父笑儒公询及此事时，该像尚高悬方丈座上。此后因瓯社、慎社，陪林铁尊师数度雅集头陀妙智寺，及抗战时挈眷避乱至寺，该像亦仍在无恙。解放初，闻由该寺住持僧某瑞安人携归收藏。该寺现已修复重兴，殊未知此像是否原璧供奉，事关文献，尚待查问。公八旬寿辰，悉将寿资作为重建鼓楼直街，砖路改造石路之资，从太祖于兹，曾五度一家重建。当满清光绪初，温郡城内石路仅铁井栏与鼓楼二条，而路心之阔，石料之厚，惟鼓楼无可比拟，当时地人故有严宅街之誉焉。

祖母枫林徐氏

先祖母徐太夫人，楠溪枫林人，班侯表伯之姑母，外祖慕孺[①]公之胞姊，

---

① 徐存涯（1838—1901），字清来，号穆如。少年随父迁居郡城信河街吉士坊（城守中军驻地蛟翔巷北面）。精于书法，闻名温州、杭州。后来，徐清来居住禅街大赉桥徐信记大院。子孙衰败，徐信记卖给叶德昌叶蓉楼。宁波鄞州区阿育王寺藏经阁后门石柱有徐清来题写对联。

先外曾祖子柬^①公日课子女自娱，先祖母幼承家学，善书法，于姊妹小弟
行居长。慕孺公最小，先祖妣曾教以习字。公中举人后，八法名冠全郡，
人皆知其得力于姊者，传为佳话。先祖考与班侯表伯，辈分虽属先后，而
年龄却颇相近。两人少时相处甚欢，豪饮旷达，每对酒当歌，引以为乐。
表伯中进士后，远宦京华。数十寒暑间不易，频数告假归省其母太夫人，
如需进城，必憩我家^②，与先祖妣姑嫂甚契。二人皆系独得一子，且称孝顺，
交相维系。尝羡先祖考妣白发偕庄，儿女孙曾长幼，四世同堂，依依绕膝，
诗书乐志，自食其力。世代生徒无数，皆从小而来，给以粮食，教以成艺，
去可谋生。日下仍留学徒雇佣为职工者五十余人，井然工作。较之他自身
儿辈成名，远客北方，清贫为官，一己在家，依闾望之，啮指心痛。万里

---

① 枫林《徐氏宗谱》载，徐思耀（1811—1863），字学光。未载字子柬。
② 《张棡日记》：清光绪二十四年（1898）十月二十九日，张棡和周仲明到新
　　街访徐仲龙（象标），不遇而返。按，新街即今温州市鹿城区公安路，位于
　　谯楼前鼓楼街到五马街之间。严琴隐手稿《严琴隐寄萧铮、徐贤修》序："徐
　　班侯表伯北（南）归后，住郡城松台山麓张罗山阁老赐第、先人妆楼古址，
　　即今所称妆楼下者。是公一生，对于公事义不容辞，毅然赴之。"《刘绍宽日记》：
　　宣统二年（1910）正月初十，"午后，至师范学堂，晤徐慕初，谈营地归入
　　中学事。"七月二十日，"吴博泉太尊来堂，为省委将来中学丈量营地事，
　　商将堂外校场地入堂内"。八月初八，"郡蚕桑学堂改为实业学堂，本日开校，
　　郭啸麓观察、冯太守、陶大令、余太史，学董陈经郭大令均在"。九月廿九日，"余
　　筱璇太史为营地事，邀到商会集议。严筱如议估城守校场洋五百元，余嫌太贵，
　　筱璇先生谓当减削，俟再商"。十一月十五日，"审判厅金鸿翔来，与同勘
　　城守营地，划分中学与审判厅界址，缘署改为审判厅，其余地划归中学，为
　　扩充基址"。宣统三年辛亥正月廿三日，"午后，审判厅长金鉴三与学堂划界事，
　　余筱璇、吕文起、刘赞文均在座"。二月十三日，"为营地事，致金审判厅
　　长函"。五月十一日，"李思澄太守前泮来堂，为勘营地事"。十五日上午，"李
　　太守前泮、陶大令瑗、余丈朝绅在审判厅勘地划界，于署后分画一半，署东
　　皂树界内分画一半，遂此决定"。按，相传温州军政分府临时驻地在九山窦
　　妇桥徐宅，当指驻军营地而言。徐家就近居住陈宅花园，先租住，后作典买，
　　成为徐家大院。陈人众《关于温中徐氏奖学基金》说："曾提醒徐院士（贤修）
　　说，我也知道马宅巷徐宅老屋的位置，马宅巷就在本校食堂墙外近处，可领
　　他去看看，见他在校东门外妆楼下路口略有停顿思考了一下，说不去看了。"
　　《符璋日记》：民国十五年七月初十，"妆楼下徐宅楼飞墙圮，幸未移居。"按，
　　妆楼下巷南口正是大士门巷和窦妇桥接点。徐宅东界妆楼下，南界窦妇桥（今
　　胜昔桥），北界马宅巷，是晚清民国温州著名庭院之一，也是温州官绅议事
　　场所。

关山，母子遥遥相应。言念及此，感何如之（班老所撰先祖母八十寿序，曾详及之）。

父亲严笑儒

先考笑儒公，讳绍濂，清廪贡，科举将废，无意猎取功名，辄不赴试。生有经方之才，世丈余筱璇太史推于朋侪中独推为能干。当光绪间，外祖出宰江西，表伯远宦京华，郡城巨绅，独余老一人。凡地方遇公益之举，政府必请先考出为辅助之。如与府学巷朱眉山、县学训导四明郑一夔啸云两太老师，筱璇、陈墨农两世丈，创立温州中学堂，每遇岁荒，平粜救急，冬季防火防乱，团练民政自治等等，弥役勿从。又与周仲铭、张文伯世叔诸人创办东山图书馆；与瑞安陈虹志山年伯、陈志诚姑丈创办《新民丛报》，为温郡最先进之新闻报刊；与啸云太老师、湖州金仲友谊伯、周仲铭（明）、陈芝生姻丈、陆温叔（文叔、雨之尊父）、李济卿世叔等创办温州府商会；与余筱璇、吕文起、王俊卿诸世丈、徐慕初表兄、董禹玉伯岳丈、瑞安王岳崧啸牧太老伯，

徐清来题宁波阿育王寺藏经阁后门石柱对联

陈志三年伯、冯博卿、项申甫、孙仲颂、冯藻卿、冯棟园诸丈及六邑人士等成立温州图书馆；与温州道宪童芙初[1]，王俊卿丈，夏伯枢、叶西恒、王廷玉诸门人，徐端甫、春波两表兄，叶子桢、周志庠（按，应作之庠）等创办温州蚕桑、织锦各学堂，后改为振业布厂（是温州工厂出现之先进），旋又改为民办兴业布厂。因诸司工者，皆多流弊，众推先考接管之。

---

[1] 清光绪三十二年（1906），枫林徐鸿涛协同徐象严、徐定督、档溪夏直臣、东皋周之庠、蓬溪周仲波等人，在温州道后关帝庙创办温州织锦学堂。光绪二十六年（1900），童兆蓉（芙初，1838—1905）自陕西西安知府转任浙江温处兵备道道员。谢联璧把温州织锦学堂创办时间定为光绪二十六年（1900），可能渊源于严琴隐表述含混所致。按"创办温州蚕桑、织锦各学堂"，孙诒让创办温州蚕学馆（童兆蓉改为蚕桑学堂，任黄庆澄为堂长）在前，而徐鸿涛创办温州织锦学堂在后，位置分别在温州道后关帝庙前后进。光绪二十八年（1902），童兆蓉和温州知府王琛提议，将中山书院改办温州府中学堂。

辛亥革命军兴，武昌起义，温州响应，而乘机争权夺利者风暴，秩序极乱，局势垂危，人心惶惑。独立商会，孤掌维艰，连电告急于徐班老，请求归来主持。奈徐老为省垣要公所羁，一时难以启程，商会众人挨饿极迟，强行散归，晚饭后再集。惟余老与仲铭叔同先父至我书院，为专待各方透露动静者耳，适冒鹤亭①亦来。先祖睹此时局，拍案厉声：我人立即电促班侯火急即速回乡，解救桑梓倒悬燃眉之大难。于是

1990年，周丽丽（左）、严琴隐（中）和木鱼法师（右）在江心寺合影。

午夜发电，得接表伯先回电，二人立即动身。翌日下午抵温，始得成立军政分府。先父集会公正、真热心友好多人在内幕辅佐之，共策治安。当时瓯闽、括苍、甬台各边界，城乡翟莩匿迹，阛阓繁荣，城乡安谧。我则与公亲族、诸热血青年，同供下走耳。

（新中国成立前后，多人及徐公亲族等，向予询问军政分府时事，曾草一纸交叶云帆去，由他另加数则。亦有因当时局势极乱，传闻各异，在所难免，但表伯风节轶事，颇多可传者，尚待记忆所及，补为录出，公之

① 冒鹤亭，即冒广生，光绪二十年（1894），因江南乡试，受副考官瑞安黄绍第赏识，许配其女。二十二年（1896）正月，自瑞安娶黄氏归，居苏州二年。民国元年夏，赴上海，旋赴温州。十二月，农工商部右丞袁克定推荐冒广生赴温州，任浙江省瓯海关监督兼温州交涉员。二年（1913）春，奉母赴瓯上任。《夏承焘日记》1942年2月22日："午后过陆微昭、王巨川、冒鹤翁贺年。鹤翁以新写成《大戴礼记义证》稿本二册相示。因谈玉环戴礼女士治此书，曾有石印本三册。徐班侯先生为军政分府时，礼为书责其不能效忠清室。班侯以示鹤老，相与莞尔。"

于世）。

　　八十年来，表伯诸孙辈，于当时对其祖先名节勋业竹帛千秋，亲友中身历其境者，更复有谁哉！地人立碑于江心孤屿西塔畔，纪公功德，系上海李瑞清梅庵（清道人）篆笔，属予司勾勒，监工奠基以落其成焉。

　　满清季叶，国势日衰，欧风东渐，亟谋富强。时张季直以会魁而开纱厂于南通，有识之士，纷纷注意工商实业。我家瓯绸，早著中外，先父乃力加创新，精益求精。宣统间，南洋开第一次劝业会于南京，派员陈兰勋、石宗素来温商会，征求出品参加竞赛，独以严日顺陈列瓯绸，获得银质奖章与奖状。嗣后美国巴拿马万国展览会，又得金质章，人皆荣慕焉。

　　先母朱夫人，天赋慈祥，明德孝敬，贤智能文，礼佛诵经，茹斋虔修，为金华义乌明大名医朱丹溪公后裔。外高高祖愚斋公宦游莅温，清初耿精忠抗满族僭明室，战败。公以一言求援溃兵，得活者数万人。地人感其德，立生祠于江心孤屿文信国公祠畔，春秋官绅致祭，典礼尊荣（见孤屿志）。因事关天地正气，民族大义，论保存重点古迹者，应加重建，宏宣教化。

1990 年 11 月，徐贤修（左）与严琴隐（右）合影。

1995 年 2 月《温州会刊》

严琴隐倡办慎社

　　我同胞兄弟二人，蒙居于次。髫龄时，祖父郎如公即以祖传家塾，延名师督教，如戴立夫谊伯、泰顺林次鹤、瑞安董式镛诸公皆曾莅授课。每天放学后，父亲必以经史各书重加讲解训诂，并命我兄弟二人随其书声朗诵至熟。晚饭后或临睡前，母亲尝于灯下教我兄弟二人千家诗及唐诗，令熟读之，并要深谙吟咏，音节声调甚为綦详。十二岁时，兄弟以太学生、脩生同应陈公学宪考试。学堂初立，科举辄废，父亲将家塾改为成达两等学堂。毕业后，大兄文龙字伯化，考入温州府旧制中学堂肄业两年，因感暑疾仅一星期为误于庸医，不幸痛逝，年仅十八岁。我蒙祖父所钟爱，不遵外出，命在家芙蓉书院攻读。生平酷爱文学，民国十年（1921）间，与一同学倡办慎社，以文会友，发刊诗文。时地方长官、耆宿，欣欣簪雅咸集。民国十一年，瓯海道尹吴兴林鹍翔公铁尊师观察瓯括。师邃于词学，为临桂况蕙风、归安朱强村两大宗师之高弟。温州词学，宋卢蒲江后，几成绝响。师于政暇，提倡风雅，不遗余力。我以一小生执弟子之礼，拜门请业，厚蒙赏识，亲加训导。因请公参加慎社，领导文坛。并请遵拨款兴修郡治前古子城谯楼，即命予监修，定为慎社社址（谯楼从明代后，几经重建或兴修，历委予家祖先及先考监工，至予此次，曾经五度）。并请举办瓯社于飞霞东山书院，历史院内原奉祀王右军、谢康乐二先贤遗像，系名手所绘，传诸记载。于是大加扩充，兴修祠宇。每星期，师莅临讲明祠旨，尝开雅集，祠事遂兴。当时如温中校长平阳刘次饶与王志澄、黄梅生等皆年近古稀，纷纷入社求学。师出题课艺，将各卷亲加修改，转呈朱、况二公复阅后发交诸生。瓯人得识词学途径者，皆受公之厚惠也。

出任馆长校长

民国十三年（1924），温属各（六）县图书馆长复出缺需人。道尹黄冈沈志坚召集六县绅士到署开会，公举余出任馆长，由沈公委任呈报省教育厅加委后，又曾聘为署中秘书一席。温州原有中山、东山两书院，院长皆当代硕学名绅，如张刚、张振夔（介轩）、吴壬、鲍桐卿诸先生。东山名胜最著，为宋王儒志先生开温州圣道初祖讲学之处。（光绪二十八年，1902 年）中山书院改为中学堂，同时由温处兵备道童芙初、秦小岘（疑误），温州府太守王雪庐，永嘉县知县张宝琳、程子良（云骥）、沈德宽、秦鹿坪（国钧），温州府学教谕朱眉山、平阳县学训导吴祁甫两太老师、徐班侯表伯、余筱璇、周仲铭、张文伯、吕文起世丈、项舆卿姻丈与先父笑儒公及张叔名诸君首创东山图书馆。经数十年，至民国二十一年（1932），由仲铭叔动议，开会公举余出任馆长，编印书目，添购图籍、报刊，扩充开放，俾众浏览。此后从事撰著，暇时勉应男女生徒讲授文艺各课及外地函授，或漫游名山，如南雁荡、普陀、落伽、四明、天一阁、椒江、天台，三度春申（上海）、西湖（憩文澜阁）、金陵东山诸胜，道逢从弟文叔，邀同游广州，经福建泉州洛阳桥、天姥峰，登匡庐、滕王阁，过大庾、珠江、琼崖、澳门，寓鹭江鼓浪屿最久。时厦门大学暴起风潮，部派督学戴夷乘谊兄（即戴立夫先生长公子）视察调处，总角同砚，客旅重逢，胜景胜情，诗酒歌乐，倍增欢喜。

民国十三年间[1]，友人平阳范介生来约予与陈仲雷、胡识因、王逊仙、姚平子、孙孟昭、庄竞秋、陈学曼、从妹严几道、国玉英诸人[2]创办温州妇女协会于纱帽河严家祠内。成立大会当推予起草宣言，登载报端。

抗日战争期间，温州各中学纷纷迁避深山，失学青年比比然，凄惶莫托。我为教育界热心诸友所属望，因自出资费举办永嘉补习中学于东山书院及张氏如园怀谢楼。当时初高中男女学生达数百人，自身任校长兼教国文课程。讵料温州三度沦陷，全校从城内逐渐避地郊区，次第迁至上河乡会昌镇、郭溪宋岙底东山无相寺。当时所聘教师如平阳范介生诸人，多系留学回国名流。乃国难乱离之际，全校更番搬迁，道途梗塞，外地师生来往交

---

[1] 三，原缺。胡识因《我参加革命工作的前后事略》："1924年冬间，和先进(份)[分]子姚平子、庄竞秋、孙孟昭、王逊仙、陈惠芬等组织国民会议温州女界促成会，会员大部份[分]是女师学生，次为女教师及基督教自立会妇女。" 1926年，温州女界促成会改作永嘉县妇女协会。

[2] 《温州文史资料》刊稿有黄素馨、夏江宁、蔡墨笑，无陈学曼、严几道。严家祠内，刊稿误作沙家祠内，未及订正。

通供应极多困难，致损失甚巨。否则，如瑞安友人项微尘、林公铎、李雁晴、李孟楚诸名流，都肯屈就任教，一片热忱，付诸流水。

民国十八年（1929），温州瓯海中学（今温四中）校纪腐败，派别斗争，学生连年频斗风潮，教师被殴打，逐出校门，经县府封闭解散，历数学期。当时城里仅有三处：省立第十中学、县立永嘉中学、私立瓯海中学，闭歇其一，青年失学无数，莘莘学子惶惶然，如嗷嗷待哺。更加每学期各小学毕业生徒源源而来，无处可容。适老同学、部督戴夷乘师兄回乡省亲，顾访我间，为悯地方青年失学之弊，提及磋商恢复之急务。当时国内私立普通中学呈请登记者，如雨后春笋，部令各省，亟在遏止之际，至难通过。承许以改称科技或商科呈请登记，且向教育厅致声，始得即行开学。当时，该校师生等闻风，如若久旱忽逢甘霖，雀跃不已。迄今七十余年来，该校造就无数人才，学生中高材青年出为国内外效能，此诚多蒙戴督学眷念家乡教育之盛德，固当感激。予则区区之举，亦聊复是耳。

初创武术馆概况

民国十年间，国内为图强种族，计于各城市设立武术馆。温州武术馆经省方委高剑云为馆长，馆在七圣殿巷薛补阙（系南宋九先生之一）祠内。经剑云之岳父周仲铭丈约予与郑曼青世契、瑞安蒋幼山驰函，经周謇夫（邦基之二兄、召生则贵之父）亲从天津银行告假，亲至北京，聘山东名拳术家孙德禄大师（曾任慈禧御前镖师）来温指导，并创宣传大会，表演武术于积谷山公园。筑台出其所练历史阴阳气功、刚柔各派秘传十八般武艺，开武术之先声。并创办武术比赛大会于温守备署校兵场（省立第十中操场，今体育运动场）。时值盛夏，瓯、闽、台、括（处州）各方前来参加及参观者达数万人。会场筑来宾评议、音乐、号令、比试、卫生保护五台，从大门至内匾额、对联，都系予大儿瑞珪所撰书，场面布置宏伟，气象雄健，人群拥挤，欢声如雷，皆称空前盛会。当时推我所草宣言，录其大致如下：

我国武术历史悠久，自角摔、技击、兵阵、战术代有进趋。渭水圯桥、苏张孙吴、摩祖岳军、五禽八段纵横者，机谋治国安邦与文治相须不离。觉罗入关，偏重火器；庚子之役，复悬厉禁。于是江湖志士，匿迹销声。今者国家倡导于前，人民响应于后，当此尚武之秋，为种族当务之急，匹夫应负之责，毋容稍缓，凡我黄农子孙、巾帼英雄，风声所播，盍兴乎来。

采取措施保护仙岩寺

仙岩寺介于本市与瑞安县境一大崇林，南宋朱晦翁曾讲学于此。几经钜儒名公游迹所及者，其题献匾额、楹联，庄严炳耀，龙虎飞踞，真是为山川增辉。解放初办学校于此，对宗教不知重视，致佛座变相，三宝蒙尘，宝钟坠地，僧厨作宰杀之场，方丈成宴会之所。食堂酒肉腥臭尤甚。名人联额被充作男女师生床铺、洗衣浴凳、上下楼梯地板、厕所之门。木鱼声响，为报众僧供饭之法器，竟被抛堕厕边。僧房供男女师生寝室。满山岩壁，游客题名或诗句，锤凿毁损，疤痕满目，寺僧屡争无效，乃向佛教会苦告时，寂山老和尚年高，在政协学习，难以操劳；另一些败类劣僧，操行污恶不堪，于是，有一居士张百川，系与少年同学，愤而欲向广东虚灵老法师求救。来乞予草一电文，并以向市委上控呈状，求为修改。予因素无操讼事业务，不肯动笔，劝以缓其步骤，以和平态度设法解决。始耐心静气，愿从予言。但固请修改呈状，于是导以理由充足，言辞恳切，进行之果，奉市委支持，派员会同政协推派予等代表十余人，专轮抵寺，瑞安方面一致通知外，特备酒筵两席送于寺中，与校方开会公议。依予主张，双方皆为党国公务，应以和平为主，宝殿不可轻蔑，佛像应庄严供奉。如学校开会、

上课，可以借用宝钟，作为集合之号令。原方丈是大和尚执法之位，如僧徒违反佛法，以鞭杖重治，甚于学校教务处，更应让还。僧厨与学校食堂应加隔离，食堂僧房与师生宿舍平分隔开。寺内各处及被损什物，应进行修补。名人古迹不能修复者，交还保管。满山岩壁，游客题字，不许乱毁，由全校负责管理。予并袖出长温州图书馆时与司书员张宋颀同辑《仙岩志》一册，俾众传观，加以说明，交给市委来员，即得双方一致同意。时瑞安代表中一高年项姓女居士提出条件甚多，指责甚厉，经予劝慰，始告让步。大会完满成功，鼓掌欢声齐起。同饮盛宴，各专轮回报。

著述简况

历年裒集丛书，成《乐律金鉴》，蒙况蕙风、朱强村两太老师，林铁尊、周梦坡两老师补赐序跋，早由上海商务印书馆、中华书局、上海西泠印社、杭州西泠印社预约发行。其他十余种著作以及骈、散各体文、诗、词草稿，并历代祖先遗著、宗祠谱牒、先父先母诗集、家藏书籍，颇不为少。除儿辈数次献给有关部门外，其余在"文革"动乱中均遭劫掠。中共十一届三中全会后，奉省文史馆征聘，得逢天日重光，浩劫之余，将追忆所及者重行录出整理。

晚辈简况

　　儿辈皆专志教育事业，有在省立温州中学高中部任教者，有在矾山中学任校长兼教师，矾业工会任秘书者，有在会昌镇、郭溪、瞿溪中小学任教师夫妇二人，有为地方创办小学被推任校长兼教师者，有在省立温州中学高中毕业，即应聘任本市碧霞小学教师者，有在南京各学校任高中部教师，航海工程专校教师，媳妇在本市建设小学校任教师，有从事教育事业五十余年者数人。群孙从各大学毕业，有任国营工厂厂长、工程师，有任教师。诸曾孙多有上小学读书者，外玄孙有在小学肄业者。

一九九二年壬申元月

百岁老人严琴隐

　　附记：严琴隐（1893—1996），温州城区鼓楼街严日顺严笑儒次子。1981年10月，温州市举办纪念辛亥革命七十周年纪念大会时，撰《辛亥光复七十周年（1981）纪念》联："惊蛰起英材，七十载革故鼎新际，讲武务农，睦邻固围，遍野被桑麻，大泽尽遗樗栎木；苍生望霖雨，五百年泰来否极期，修文正乐，定礼敦诗，斯民登衽席，老天留为子孙看。"1988年10月19日，被聘为浙江省文史馆馆员，撰《省文史馆》联："我道未曾孤，学术使黄巾避舍；精神长不死，文章与秦火争光。"1995年，103岁的严琴隐以著名党外人士参加温州市第八届人民代表大会第三次会议。《温州晚报》以《百岁参政》为题，在头版报道。他的老友黄杰甫题诗祝贺："四朝亲历百三龄，耆宿文星又寿星。光复证人良史笔，兴歌鸠杖庆升平。"

徐逸龙

2023年4月13日重录校注

永嘉多院士

◎ 徐耘天

    历史上，永嘉多士。从唐朝至清朝，共出过 711 名进士。当今更是人才辈出，群星璀璨。新中国成立后，永嘉本土人士入选海内外院士的，就有 10 人之多。其中永嘉中学毕业的，占了 3 人。还有被传为佳话的徐贤修与徐遐生"父子两院士"、叶公杼与丈夫詹裕农"夫妻双院士"等。院士数目，名列温州全市各县（市、区）前茅。为弘扬地方学术文化，传承名家风范，兹作院士传略。

台北"中央研究院"院士徐贤修

    徐贤修（1911—2001），永嘉枫林人。著名应用数学家。曾任美国普度大学、伊利诺斯理工学院教授，台北清华大学校长。台湾"中央研究院"院士。

徐贤修 1929 年考入省立第十中学（今温州中学高中部），两年后考入清华大学数学系；抗战时期，徐贤修随华罗庚在西南联大任教。1946 年赴美国就读布朗大学，1948 年获应用数学博士学位，并留校研究；1955 年任美国普度大学工程科学系教授、系主任。1961 年创立台湾"清华大学"数学系，并于 1970 年任校长。鉴于徐贤修 1955—1963 年以及 1968—1978 年两度为普度大学做出突出贡献，1980 年普度大学颁授他杰出贡献奖，1993 年授予他名誉博士学位。

徐贤修是一位应用型学者，长期致力于应用数学和太空科学的教学和研究。他曾于 1975—1981 年主管台湾"科学委员会"，1979—1989 年任台湾"工业技术研究院"董事长。他极富前瞻性地建议当局设立台湾新竹科学工业园，此举为台湾的现代科技和工业发展做出巨大贡献。1989 年，台湾当局因此颁给他景星奖章。

徐贤修对家乡感情甚笃。他曾于 1998 年回温探亲时，欣然受聘担任温州高新技术园区高级顾问，并在母校温州中学设立徐氏奖学基金，嘉奖优秀学子。

中国科学院院士金振民

金振民，1941 年出生于永嘉县永强永中镇（现属温州龙湾区）。中国地质大学（武汉）地球科学学院教授、博士生导师，著名构造地质学家，中国科学院院士。曾任中国地质大学地球科学院院长，现为科技部专家咨询委员会委员、校学术委员会主任。

金振民 1954 年至 1960 年就读永嘉中学，1960 年高中毕业考入北京地质学院矿产二系，攻读地质勘探专业，与温家宝总理是同届校友。1976

年后一直在中国地质大学工作，历任讲师、副教授、教授、博士生导师。八次赴美国加利福尼亚大学和明尼苏达大学地质和地球构造系进修和合作研究。1996年，获评国务院特殊津贴专家。1997年3月，任中国地质大学地球科学院院长。1998年被评为全国教育系统劳动模范，2004年获全国模范教师称号，2008年获五一劳动奖章。2005年当选中国科学院院士。

金振民主要从事构造地质学与地质力学教学和岩石流变学的科研工作。长期致力于土地幔动力学、岩石流变学的高温高压岩石特性研究，取得了在国内外有一定影响的科学研究成果。1978年以来，由他主持或参加的国家级、省、部级科研项目和国际合作项目5项。发表国内外论文150余篇，其中发表在《科学》《自然》等国际重要期刊6篇。有合作专著3部。其科研成果，曾获国家自然科学二等奖和国家科技进步奖各1项，国家教学研究成果二等奖1项。2001年8月至2005年4月，担任"中国大陆科学钻探工程"副总地质师，取得地下5118.2米深的珍贵岩心和气流体样品，并系统开展物性研究。该工程被评为2005年中国十大科技进展新闻。

美国国家科学院院士徐遐生

徐遐生，1943年出生，永嘉县枫林人，徐贤修之子。他是美国国家科学院、美国人文与自然科学院、美国哲学学会三料院士。著名天文学家。曾任台湾清华大学校长。

徐遐生，1963年毕业于麻省理工学院物理系，1968年获哈佛大学天文学博士学位。毕业后任教于纽约州立大学，1973年转入加州大学伯克利分校，历任副教授、教授、天文系主任。1990—1994年当选美国天文学会会长。

徐遐生是全球天文学权威之一，被公认为目前世界上顶尖级理论天文学者。其学术成就，主要表现在天体的生成、银河系的变化等天体研究，尤其是在密度波和恒星形成理论上有着卓越的贡献，至今尚无人超越。由于天文学的成就，1972年他获得哈佛大学伯克奖；1977年获美国天文学会颁发的华纳奖；1996年获美国天文学会颁发的布劳尔奖。1987年当选美国国家科学院院士，1990年被台北中央研究院聘为院士。荷兰莱登大学天文台将一颗小行星以其英文名字命名，叫作Frank Shu。

2002年其父徐贤修去世后，他接任台湾清华大学校长。"父子齐名，台湾首见"，业界对他如此评述。"贤名传遐迩，修德沐生徒"的对联，说的便是这对父子校长。

世界计量经济学会院士萧政

萧政，1943年出生，永嘉下寮人。

萧政早年就读于台湾大学和英国牛津大学，随后在美国斯坦福大学获得统计学硕士、经济学博士学位，毕业后，历任美国加州柏克利大学经济学助理教授、加拿大多伦多大学经济学助理教授、教授，美国普林斯顿大学经济系助理教授，美国贝尔实验室顾问。现为美国南加州大学经济系教授，国际权威经济学期刊《计量经济学》主编，是世界计量经济学会院士，台北"中央研究院"院士。

萧政长期从事计量经济学研究与教学，为世界面板数据研究领域的权威学者，其名著《面板数据分析》深受学术界好评。萧政还在亚洲、美洲、欧洲等许多国家和地区的著名大学和研究机构担任客座教授等重要职务。

2007年，世界著名计量经济学家萧政教授入选教育部与国家外国专家局联合实施的首批"海外名师引进计划"人选。

美国人文与科学院院士翁玉林

翁玉林，1946 年出生于永嘉县七都乡老涂北村。

1953 年跟随父母移居香港，在香港完成中小学教育。19 岁赴美求学，1969 年于加州大学伯利克分校获得物理工程学士学位。1974 年于哈佛大学获得物理学博士学位，并留校任教。1977 年被加州理工学院聘为行星科学系助理教授，并于 1986 年升为终身教授。2010 年当选台北"中央研究院"院士，并在 2011 年当选美国人文与科学院院士。2014 年，获得南加州中华科工学会学术成就奖；2015 年，获得美国天文学会古柏（Geraldp，Kuiper）奖，并同时被授为第 19370 号小行星的命名。

翁玉林观察太空行星并研究其理论 30 多年，研究领域包括行星大气行星进化、大气化学、大气辐射、外星球生物以及全球变化等。同时是多个卫星探测计划的合作研究员，包括 NASA 探测土星（Saturn）的 Cassini - UVLS 卫星计划，NASA 观测地球大气中二氧化碳浓度的 OCO-2 卫星计划和欧洲空间局探测金星的 Venus Express 卫星计划。2004 年，他获得美国太空总署颁布的杰出科学成就奖。

美国国家科学院院士叶公杼

叶公杼，1947 年出生，永嘉人。美国加州大学旧金山分校教授，生物物理学家，美国国家科学院院士，台北"中央研究院"院士。她与丈夫詹裕农，是美国科学院唯一的一对华裔院士夫妇。

1964 年，叶公杼从台北市第一女中毕业，考入台湾大学物理系。

1968 年，叶公杼大学毕业，与高一届的学长詹裕农相偕赴美国加州理工学院攻读物理硕士。1974 年，获生物物理博士学位，此后一直从事神经生物领域的科研工作。1979年，夫妇同时被旧金山加州大学聘为助理教授。1983年，同时晋升为副教授。1985年，同时晋升为教授。1987年，同时被霍华德休斯医学院聘为研究员。

叶公杼与其丈夫主要的研究方向是钾离子通道和果蝇的神经发育。1986年，他俩在世界上首次克隆出一种钾离子通道基因（shaker）。这一科学成果与2003年的诺贝尔化学奖主题吻合，因而得到科技界许多人的肯定。国际知名期刊《自然》杂志和《细胞》杂志，相继发表了他们的研究成果。

1995年，叶公杼当选为美国科学院院士，但因丈夫未获得提名而婉拒。次年，夫妇双双成为美国科学院院士。1998年，他们再度同时当选台北"中央研究院"院士，而叶公杼更是以当届最高票当选。

中国工程院院士李大鹏

李大鹏，1950年出生，永嘉岩头镇苍坡村人。浙江中医药大学教授、博士生导师，中国工程院院士，中国医学科学院学部委员，中药制药学家。曾任中华医药学会副会长、中国中药协会副会长。

李大鹏1977年毕业于上海第一医学院药学系，毕业后任职于浙江中医学院（现浙江中医药大学）。1989年，白手起家兴办药企，1999年成立浙江康莱特集团，任董事长。他先后主持15项国家中医药重大攻关课题，研发新药5个。早年从中药薏苡仁中发现并成功提取分离到抗癌新化合物，后又研制成功抗癌新药康莱特注射液。近年创建超临界二氧化碳萃取中药有效成分产业化应用工艺技术平台，并率先被SFPA批准投入生产，使科研成果转化生产力，产生很好的经济和社会效益。

40多年从事中药制药工程创新研究，获得中美等国药物发明专利50

余项，获得国家技术发明二等奖、国家技术发明三等奖、国家科技进步奖二等奖3项，省、部级一等奖4项。2005年当选俄罗斯医学科学院外籍院士，2007年当选中国工程院院士，2019年被聘为中国医学科学院学部委员。2005年，为纪念从事教育工作的父亲，他捐资200万元在黄田中学兴建了"李昌仁体艺馆"。

俄罗斯自然科学院外籍院士陈国龙

陈国龙，1957年3月出生，永嘉县桥头镇梨村人。永嘉中学1973届校友，温州赵氟隆有限公司总工程师、研究员级高级工程师，特种高分子材料技术研究与工程化应用技术研究领域专家，享受国务院政府特殊津贴。2022年入选俄罗斯自然科学院材料科学学部的外籍院士。兼任全国非金属化工设备标准化技术委员会副主任委员、中国腐蚀与防护学会高分子管道和容器专业委员会副主任委员、美国NACE国际STAGP78非金属管道和容器技术专家委员会主席等职。

陈国龙是"文革"后第一届大学毕业生，1988年调到化工部机械研究院从事科研工作。在化工专家赵永镐的带领下，他们创办了温州赵氟隆有限公司，并成功研制了聚四氟乙烯（PTFE）衬里离心泵、PTFE衬里离心泵、PTFE膨胀节补偿器等产品，从而填补了国内一项项空白，产品在国内外化工、石油、冶金、核能、制药、军工等多个行业的大批企业广泛应用，为国家节省了大量外汇，产生了很好的经济效益和社会效益。1990年，陈国龙作为第二发明人研制的金属网络聚四氟乙烯防腐衬里技术项目获得国家科委颁发的国家发明三等奖。

陈国龙坚持创新发明，目前已成功申请专利25项，研制的产品有6项通过省部级鉴定。其中金属网PTFE衬里管道和设备还被专家委员会评为"该产品和技术填补了国内外空白，居世界领先地位"。

中国科学院院士滕锦光

滕锦光，1964 年出生，永嘉黄田人。国际著名的结构工程学专家，香港理工大学校长，中国科学院院士。

滕锦光是黄田中学的初中毕业生和罗浮中学的高中毕业生，1979 年 15 岁考入浙江大学土木工程系。1983 年，他被教育部公派澳大利亚悉尼大学，并于 1990 年获博士学位。其后曾去英国深造。在加入香港理工大学之前，曾在澳洲詹姆士库克大学任教。他于 2013 年当选为香港工程科学院院士，2015 年当选为爱丁堡皇家学会通讯院士，2017 年当选为中国科学院院士。2019 年 7 月 1 日，就任香港理工大学校长。

滕锦光主要从事土木工程复合材料结构和钢结构领域的研究，由此系统地建立了复合材料加固混凝土结构理论。其研究成果为海内外相关工程引用，作为工程设计规范或指南。此外他还深入研究土木工程薄壳钢结构的破坏机理，提出了一系列设计计算方式。曾获国家自然科学奖二等奖、国际土木工程复合材料学会首枚学会奖章等奖励。

俄罗斯工程院外籍院士

赵敏，1966 年 4 月出生于永嘉县岩坦镇，祖籍浙江瑞安市，教授、博士生导师。温州大学校长，城镇水污染生态治理技术国家地方联合工程研究中心主任，国家有突出贡献中青年专家，享受国务院政府特殊津贴。全国五一劳动奖章获得者，兼任国家教育部生物科学教指委委员、中国生物数学学会副理事长、浙江省生态学会副理事长、浙江省环境科学学会副理事长等职务。

在水华形成动力学机理、分散式污水生态处理研究等方面取得了突出成果。近年来，主持国家科技重大专项项目、国家 973 计划课题等 20 多项，获得浙江省自然科学一等奖、教育部自然科学二等奖等多项奖励。在国内外各类学术刊物上发表 100 多篇论文，授权发明专项 18 项。由赵敏作为负责人的温州大学生态学学科，先后获批浙江省优秀特色学科、浙江省一流学科和浙江省重点学科。

2003 年起先后担任温州大学研究生部主任、校长助理、副校长、党委副书记等职，2018 年 9 月，赵敏受任温州大学校长。他是永嘉中学 1982 届高中毕业生。他在接受媒体记者专访时，直言高中对他影响之深。他感激班主任工作的热忱和关心，他说自己学生物，就是因为生物老师的课上得好，"激发了我学生物的热情"。

说壅

◎ 李宽聚口述
◎ 王国省记录

    李宽聚，今年（2013）76岁，永嘉县黄屿村人。他经历丰富，见多识广，思路清晰，记忆力强，常常给我讲我闻所未闻的事。

    下面是他和我闲聊种田经，讲过去农民种田离不开人粪的故事（以下文中的第一人称"我"是李宽聚）。

内坑外坑

    农民要想生活下去靠田地，有了田地想种出粮食要靠肥料。"庄稼一枝花，全靠肥当家。"还有一句古话："人靠吃食，田靠壅力。"过去没有化肥，祖祖辈辈靠土肥，土肥有牛猪栏肥、草肥、塘泥、人粪等，其中主要是人粪。农民视人粪为珍宝，老人教育儿孙，大小便要上自己家的茅坑，出去劳动要憋着小便到自己的田地里拉。有一位叫陈伟峰的还给我讲过这样一个故事：从前楠溪某地一青年出门办事，路上，忽然觉得要小便，就憋着小便，绕了一大弯的田间小路，跑到自家地里拉。这事被一财主知道，就把自己的女儿嫁给他，说这样的青年会"把家"（懂得持家）。

农村老房子后轩间都建了茅坑，被称为内坑。每家种田人，在路边或田头选址造个三四眼（格子）大的地坑，叫外坑，作为贮存粪便的粪仓，挑到田里又方便。

外坑，挖地两米左右长与宽，一米六七左右深，用砖砌成三个或四个格子。因为以前很少有水泥那样的好材料，所以粪坑常常会漏水，要修理。我记得我十五岁时的冬天，去山上挖来两担黄泥，加进少量的砺灰，拌匀，浇上水，用脚踩，把黄泥踩踏成浆，用来补漏。踩掉了脚上一层皮，又冻烂了，肿起来，连路都不好走。

现在还能看到黄屿的田边遗留几眼外坑。积着水，浮着青萍，有几只青蛙在出没，我想再过几年它将成为古迹了。

掇壅客

人粪作肥料，温州土话讲"壅"。壅，是名词，是指大小便类的排泄物。这壅字还引出很多和它有关的词语，如：积粪的桶叫壅桶，舀粪的勺叫壅勺，积粪的坑叫壅坑，去挑粪叫去担壅，运载粪的船叫壅载，去买壅的人叫买壅客，出去收拾人粪叫掇壅。有时候，这壅字成了动词，如：笼统讲给田加肥，叫壅田；给什么庄稼施肥叫壅什么，如壅稻、壅麦、壅玉米、壅瓜、壅菜等。有时候这壅字还可以引申，如：事情办砸了，叫壅倒爻；一个人做了坏事影响亲房姓族，说壅倒祠堂角里一姓人淘气等等。

农村里，遇到农民担壅或壅田，闻到气味，不能掩鼻，更不能说臭，否则会遭骂，责骂你父母没"教养"，骂你不知道吃的是怎么来的。农民为什么这样急？一是你不尊重种田人，二是认为你"冲"了壅的肥力。壅就是有臭气的嘛，越是臭，这壅就越有肥力，那些清水茅坑里的清水壅不是怎么臭，也就没有肥力。

　　我听到这样一个有趣的故事，"文革"期间，"潮港"边某地一农民去温州买壅，但没有顺路的壅载可搭乘，这东西是绝对不能上轮船的。结果他想办法，把壅装在尼龙袋中，将尼龙袋藏进箩儿里，盖好箩儿盖，去坐温州到沙头的小客轮。正赶上开船时间，天公不作美，下起了大雷雨，迟到的他冒雨挑箩担上跳板，航运工人见他与"货"将被雨淋湿了，船舱里还空着，急忙叫他快挑箩担进客舱，一般的货担是装在舱背的。小客轮开了一阵子后，舱里的旅客都闻到壅的气味，可能是尼龙袋口没扎实（不密封），但没有人直说"壅臭"两个字，都只在议论舱里"气味"怎么这样重？有人把头伸到窗外呼吸空气。该农民心知肚明，但不敢直言，只是未到本埠，便提早一埠就挑起小箩担下船了。

　　过去城市里有专门从事收集壅的人叫掇壅客，干这又肮脏又臭的事，是社会上最底层最被人看不起的人。但是群众的评论还是很高的：有"送丧人的'队形'和掇壅客的'口劲'"之语予以赞赏。碰上这"队形"，大家要避让，而听到这"口劲"声音，一呼百应。每天早上掇壅客一来，"掇壅！"的一声高喊，比什么声音都厉害，不管天黑天冷、下雨下雪，每家每户都自觉起床开门送马桶、尿盆出来，没有人异议，也没有人说三道四（后来改为摇铃了）。

　　掇壅客的社会地位真正提高还是在新中国成立后，新社会把掇壅客列入工人阶级队伍，叫清卫工人。特别是国家主席刘少奇接见了淘粪工人时传祥，同他握握手，说："你和我只是分工不同……"这样一来清卫工人扬眉吐气了。

他们上午劳动后，洗了澡，穿上皮鞋，到东南戏院、解放电影院看戏看电影。

民间流传着这样一句谚语：山头千（富户），垟下百，比不上城里的掇壅客。

排队买壅

黄屿村有耕地 1250 亩，山地 1200 亩，土地多而肥料严重不足。解放初，我曾跟地方人坐"乌鲨"船去城底去买壅。在城底麻行上岸，一个大地坑旁边，已经排了长队，我挑着空壅桶挤上去。一个管理人员说："一个个排好，不能挤！"

根据到位先后，他用粉笔在我的背上写上编号 36。等着等着，轮到了我，只见那卖壅客，抡起大壅勺只三勺，就把我的一桶壅桶倒满了。这里的粪池像个小河塘，又大又深；这个壅勺这么大，壅勺柄有撑篙那么长，掏壅也太吃力，搞了几下腰和臂就说吃不消了。他们在壅勺头系上一根绳，一个人握壅勺柄掏，一个人在前面往上拉，这新鲜的劳动合作场面给我留下很深的印象。我把壅挑到"乌鲨"上，倒在舱里，再去排队。

我第一次去买壅只买了两担。那时，只有 15 岁，挑着一担壅很吃力，特别是上下船走跳板，更是不敢迈开步，战战兢兢的，旁边的地方人说为我捏一把汗。

有一次去新码道买壅，碰上"懒伦"，他说这条街路是他的，挑壅过来在路上散落了点滴壅，又臭又不好走，要收费。我村的一个外号叫长人的和他争吵起来。长人知道强龙难压地头蛇，就主动退上了船，那"懒伦"仗着自己地头蛇的优势，目中无人追过来要上船打人。长人个子高，力气大，看他硬要冲上船，就用撑篙一揽，把他揽坐在涂坦上。那"懒伦"自知不是对手，却说大话："下次再来就不给你'过山'！"

是呀，人家是地头蛇，而这条通道不得不走。我村有一个人住在那里，在那个地方也有实力的，为了今后的安全，请他出面给摆平。

买甕客不笨

有时，我们村的甕载"乌鲨"停在新码道，村民自己去城底挨家挨户买甕，价格便宜点。甕有浓有淡，现在有测量器，过去没有，有些市民为多卖钱向甕里掺水。而长人鬼精灵，他去买一担甕，价格总比别人便宜一半。他有一次去一尼姑庵，老尼姑说有甕卖。长人进去，用左手掣开尿盆盖，伸出右手的无名指和小指一探，快速缩回，用食指在嘴里一吮吸，吐了一口痰，说：你们的甕很淡，因为你们是修行人，吃的都是素食，所以甕的价格要比别人便宜，别人两个铜板，你的只值一个铜板。老尼姑看了他刚才尝味道的动作惊呆了，更没有别的话可说了。

"乌鲨"船装满甕，要等到潮水涨才起锚开船，在等待的空闲时间，买甕客没有闲着，他们脱下长裤下到甕里，用手将硬块的粪捏碎。码道上站着很多人观看，也从内心赞叹农民辛苦和不怕肮脏的精神。这时来了一个叫卖麻糍的，买甕客问麻糍多少钱一个？

卖麻糍的故意欺逗他，"你如果用手拿着麻糍吃，我就白送你。"

"好，拿来！"

买甕客的手在外衣上揩干甕水，用大拇指与食指对扣麻糍，歪着头，张嘴就啃咬麻糍，咬了两口，用牙噙着麻糍，手指转一个方向，不等麻糍接触到手的其他部位，已啃咬完了周边的麻糍，剩下两个指头对卡着的铜钱那么一小块抛掉了。围观的人都佩服，如同见到奇迹，卖麻糍的无话可说溜走了。

"污载"给老爷配酒

新中国成立前，国民党在罗浮设有据点（警察分局），夜里士兵出来巡逻，常常捞点外快。一天夜里，潮水涨，大小船只顺流而上，在千石岩头儿，士兵高喊船靠岸检查，大小船只都靠岸接受检查，只有我村的厉某某划的"乌鲨"船不停不靠。士兵急了，对空放了一枪，喊："船上装的什么货？"

"污载！（大便，方言叫污）"厉某某回应一声，只管划。

"乌贼？他妈的，看你往哪里逃！"士兵们急起直追，追到上岩儿，对"乌鲨"船放排枪，逼迫"乌鲨"船靠岸。夜色朦胧，他们气喘吁吁，嘴里咕噜着："乌贼？搞几个给老爷们配酒！"

没等船停稳，一个性急的士兵一提腿就跳下船舱，成了"落坑鸡"。

"哎呀！是，是污，他妈的，臭死我了，臭死了……"其他士兵伸手把他拉上来，他上去后去打了厉某某一巴掌。

厉某某忍着痛与笑，淡淡地说："什么乌贼？是污载！我早就这么说了，你们自己误会了。"

其他士兵们也没话可说了，只是嘴里在骂，垂头丧气下了船，把"落坑鸡"拉到马道边水里洗。

合同壅

合作化时，我们需要肥料，由合作社或生产大队出面和温州清卫管理处安排计划，签订合同购买。我们称为合同壅。村里有专门运壅的"乌鲨"船三条。每一只船一个月跑五趟，每一趟运载130来担。每个生产队轮流去买壅。壅买来贮存在外坑，掺进一定的水，让它发酵。

划"乌鲨"船的老大常常有"外快"（额外收入）。新中国成立前与

50 年代间，瓯江里有海蜇，船老大早有准备，用稻草绳编个网兜，桶里存放明矾，几个人站在船头，看见漂浮的海蜇，用网兜捞上来，用明矾和盐腌着，带回家大家分吃。

到 70 年代前后，温州合同壅供应不足，黄屿（红旗）大队派人去洞头岛一带搞壅。我记得我们派去的人叫厉一泽，他长驻在洞头鹿西公社，专门从事收壅工作。不知什么缘故，黄屿的农民都说洞头的壅比温州的壅有力。

肥料做交易

1967 年夏，我从安澜亭上来，在东门，碰上熟人陈修华，他问我到温州来干什么？我说去环卫所搞肥料。他说温州两派很紧张，哪个单位还有人上班？今天杨府山已发生武斗，已经用枪用炮打了。听人说打死了一个人，是发起冲锋时后面的人打死了前面的人。哎，自己人打自己人……

"那怎么办？"我自言自语。

陈修华虽然知道我不是村长书记，但也是村里的团支部书记，今天来有重任在身，就说："你去上塘找县生产办公室，那里有化肥，回去我也和他们打个招呼，给你几吨。"

听了他的话，我高兴，就直去上塘，找到该办公室，见到的是熟人林一仁，我向他提出要求化肥。

他说："化肥有，但我有个要求：现在'文化大革命'正在深入，已经建立了工总司、红总司、商总司，目前就是贫总司没有人选，你来正好，你去组建贫总司，负责人给你当。"

我想了想说："如果我不要当负责人，化肥给否？"

他说："不给。"回答得很干脆。

我心里想不通，你怎么拿化肥当政治交易！这不是强拉我入伙吗？强拉入伙的不一定是好事。我就说："林同志，我一没有水平，二没有时间搞这东西。对不起，我走了。"

回村后，我发动大家掏鸡窝、搬牛猪栏、捞河泥等，发"乌鲨"船到洞头、玉环去买壅，总算把晚稻插下。

偷壅贼

"文化大革命"中，温州全面武斗，清卫工人没有及时将壅运到大粪池里去，没有人经营买卖。我们买不到壅，而夏收后插晚稻不能没有壅呀。没壅去偷呀，古话讲：读书人偷书不是贼，种田人偷壅不是贼。所以我们村几个农民"堂而皇之"开"乌鲨"船到麻行厕所去偷壅。厕所坑有三米来深，找不到长柄的壅勺，直接用绳吊着壅桶像水井打水一样，但打翻了壅桶，由于壅又浓又坚，进不了桶。

毕竟是夜里来偷人家的壅，心里有点慌乱，有点焦急。怎么办？急中想不出好计谋，就来个冒险：两个人站在坑沿上，用绳将一个人放到粪坑里。粪有平腰深，打满一桶壅，让上面的两人拉绳吊上来，一桶又一桶。在下面的人臭气难忍，他不知那甲醛有毒，熬了一段时间，体力不支，只好作罢。大家把他拉上来，马上去码头洗去肮脏物，躺在船上喘大气，这个莽汉是厉长洪。

后来我知道了这事，骂他："你真的头钻茅坑不知臭——不要命了，幸亏当场没有把你闷死。"

偷壅事件频频发生，清卫工人也加强防范。我听人说，中塘公社某生产队社员去温州卖了柴后，也常常用载柴船（比舴艋船大）去麻行偷壅，还常常被抓住。有一次，一只船被清卫工人抓住，船被拉上涂坦。还不放心，来了更多的人把船拉到大街上去。这样，农民（社员）没有办法把船推下水逃走，只好认错道歉，也只好把船舱里的壅一担担挑回到粪池里去。在他们挑完壅后，几位激动的清卫工人把他们的壅桶也砸了，还警告说："你们下次如果再来偷，我们把你们的船也砸了。"

20世纪70年代，农民种自留地和扩种地多起来，更需要壅了。村里演戏，开群众大会，很多农民都早早将自己家的壅桶放到祠堂里外，收拾小便。学校门外，人群往来多的路边，都有人置放旧壅桶、破缸、破垾用来接尿，上塘汽车站旁边放置的更多。

上塘前村、后村、浦口，瓯北清水埠车站等地遍布生产小队的、私人的茅坑，有的被人投标承包，但常常被盗，所以管理的农民非常着急，用铁锁锁着茅坑盖，但还是不中用。我也常常见到我们村三两个农民半公开半秘密地商量去上塘偷壅。夜半三更，他们光顾上塘路边的厕所茅坑，先倒桶里缸里的尿，再去掏坑里的壅。

原永嘉中学校舍在后村山脚下，一天三更半夜，忽然有同学高喊："有贼！有贼！"惊醒全校师生，大家起来捉贼，一探问，是他上厕所时发现有人在偷壅，现在已逃了。

坑壅被偷，偷壅者有当地的农民，也有外地的农民，不能以猜测去公安局派出所报案，也总不能在厕所站岗放哨。所以承包管理者在厕所的墙上、茅坑的板上用土朱写上："偷粪狗生！""偷粪罚款十元！"以表示心中的无奈与愤怒。这些刺眼的不文明的标语，到处都有，大家记忆一定很深。

随着国家经济发展，化肥产量增加，解决了农民需要肥料的难题，上面说的已成为历史的回忆。

对壅的呼唤

改革开放后，在城镇建设的洪流中，市民、农民都住进高楼洋房，用的是抽水马桶，壅已退出历史舞台，从宝座位置跌到被排污的行列。我们的祖辈把壅比喻为黄金，现在从我们身边悄悄流走了，多可惜！

我是农民出身，没有高深学问，只是听有知识的人说：人吃下粮食蔬菜，消化了拉下大便，当肥料去壅庄稼，又生产粮食蔬菜，供人食用。这是自然界大循环，现在这壅流失了，人类不是自己破坏了这自然循环规律吗？

现在农民们都说，农田土质变硬了，市民说米饭没有过去的纯正，菜没有过去的爽口，是什么原因？这是社会进步了，科技发达了，化肥增多了，农业产量提高了，给人类带来幸福，但也带来负面效应。种田人自然得出结论：农业需要化肥，但土地、庄稼离不开有机肥，离不开壅。

此文成于 2013 年

图书在版编目（ＣＩＰ）数据

永嘉文史资料 . 第三十七辑 / 永嘉县政协文化文史
和学习委员会编 . -- 北京 : 中国文史出版社 , 2023.9

ISBN 978-7-5205-4451-1

Ⅰ . ①永… Ⅱ . ①永… Ⅲ . ①文史资料—永嘉县
Ⅳ . ① K295.54

中国国家版本馆 CIP 数据核字 (2023) 第 243902 号

责任编辑：詹红旗

出版发行：中国文史出版社

社　　　址：北京市西城区太平桥大街 23 号邮编：100811

印　　　装：温州市北大方印务有限公司

经　　　销：全国新华书店

开　　　本：787mm×1092mm 1/16

印　　　张：15.5

字　　　数：157 千字

版　　　次：2024 年 1 月北京第 1 版

印　　　次：2024 年 1 月第 1 次印刷

定　　　价：88.00 元

文史版图书如有印、装错误，工厂负责退换。